气排球运动教程

辜德宏◎主编

湖南师范大学出版社

·长沙·

图书在版编目（CIP）数据

气排球运动教程／辜德宏主编. --长沙：湖南师范大学出版社，2024.11.
--ISBN 978 - 7 - 5648 - 5684 - 7

Ⅰ. G842

中国国家版本馆 CIP 数据核字第 2024FH8691 号

气排球运动教程

Qipaiqiu Yundong Jiaocheng

辜德宏　主编

◇出 版 人：吴真文
◇责任编辑：唐言晴　廖小刚
◇责任校对：朱卓娉
◇出版发行：湖南师范大学出版社
　　　　　　地址/长沙市岳麓区　邮编/410081
　　　　　　电话/0731 - 88873071　88873070
　　　　　　网址/https：//press. hunnu. edu. cn
◇经销：新华书店
◇印刷：长沙雅佳印刷有限公司
◇开本：787 mm×1092 mm　1/16
◇印张：13.25
◇字数：280 千字
◇版次：2024 年 11 月第 1 版
◇印次：2025 年 7 月第 2 次印刷
◇书号：ISBN 978 - 7 - 5648 - 5684 - 7
◇定价：55.00 元

凡购本书，如有缺页、倒页、脱页，由本社发行部调换。

前　言

　　气排球运动作为我国的一项本土运动项目，近些年来参与群体日益扩大，参与人数日益增多。为更好地推进气排球运动的科学化、专业化发展，我们组织了多位专家和专业人员编撰了本教材。本教材是湖南师范大学资助的校级规划教材，有多名气排球教练员、运动员、国家级裁判员以及排球专任教师参与了资料收集、整理、研讨和编撰工作。此外，湖南师范大学男子气排球队和女子气排球队曾多次获得全国气排球联赛（大学组）冠军，有丰富的实践经验。

　　本教材共分为四章，从气排球理论、气排球教学、气排球训练、气排球裁判四个方面出发，为体育专业的学生、其他体育工作者以及广大气排球运动爱好者提供专业性的解读。主要特点在于：气排球理论部分，从气排球与室内排球技战术对比的视角分析了气排球运动的专项规律与特点。气排球教学部分涉及了气排球技术教学和战术教学，其中气排球技术教学从技术要领、教学步骤、练习方法、常见错误及纠正方法四个方面进行了解读，气排球战术教学从基本理论、基本方法、个人战术、集体战术、练习方法与要求五个方面进行了解读。气排球训练部分，从基本功训练、专项技术训练、专项战术训练、专项身体素质训练四个方面进行了解读。气排球裁判部分，从场地器材、竞赛规则、竞赛组织三个方面进行了解读。

　　本教材由湖南师范大学体育学院排球教研室主任、博士研究生导师辜德宏教授担任主编，湖南师范大学男子气排球队主教练符丁友博士担任副主编，原湖南师范大学体育教学部部长、原湖南师范大学树达学院院长、博士研究生导师孙洪涛教授，湖南师范大学体育学院原排球教研室主任魏彬副教授担任顾问。本教材的参编人员还有：唐岳年（湖南师范大学）、韦云（湖南师范大学）、李楚文（湖南师范大学）、贾琳琳（长沙市长郡双语实验中学）、曾庆为（湖南师范大学）、田兵兵（湖南师范大学）、周倩（湖南师范大学）、王正（长沙理工大学）、刘利鸿（湖南师范大学）、毕恩梅（湖南师范大学）、韩雷（湖南师范大学）、申宝磊（湖南师范大学）、吴英（湖南师范大学）、邓淑君（湖南师范大学）、钱婉琴（湖南师大附中梅溪湖中学）、熊文婕（湖南师范大学）、秦硕（湖南师大附中梅溪湖中学）、郑广霞（郑州市第四十四初级中学）、余镇涛（湖南师范大学）、卿凯丽（湖南信息学院）、扈春荣（衡水学院）。本教材的配套视频均由湖南师范大学体育学院排球方向的研究生和本科生示范，全书由辜德宏串编定稿。

气排球运动教程编写小组

2024 年 11 月

目　录

第一章　气排球理论

第一节　起源与发展

一、起源

气排球运动起源于 1984 年，由内蒙古呼和浩特济宁铁路分局职工首创。气排球创立的最初目的是丰富离退休职工的晚年生活。由于最先采用的是气球，并模仿排球运动采用隔网对抗的比赛方法，因此称之为气排球。因气排球运动对抗性较小、安全性较高，在呼和浩特铁路局内逐步开展起来，成为适合老年人参与的健身娱乐项目。[①]

二、发展

气排球运动自创立以后，陆续在全国范围内传播。1989 年，国家成立了有关促进气排球运动传播和发展的推广小组，并将工厂、企业、学校、社区设定为首批重点推广气排球运动的场所。1991 年 10 月，有关气排球运动的第一部竞赛规则由火车头老年人体育协会发布，并于上海生产出专门的比赛用球。1992 年 11 月，气排球运动在武汉迎来了首届全国规模的比赛，此届比赛以全国铁路系统的离退休工人为主要参赛运动员，共计 13 支队伍参赛，其中男队 7 支，女队 6 支。1993 年 3 月，火车头老年人体育协会正式成立分支——火车头老年人气排球协会。至此，我国铁路系统中，一年一度的老年人气排球赛逐渐开展。

进入 21 世纪后，气排球运动受到了更多的关注，开展的领域逐渐扩大。2003 年 10 月，国家体育总局排管中心首次对气排球项目开展指导，并委托浙江省老年体协修订了《老年人气排球竞赛规则》。随后，2003 年 11 月 13—15 日依据此次修改的竞

---

① 黎禾. 大众气排球 ［M］. 北京：北京体育大学出版社，2015：1.

赛规则，在浙江省丽水市开展了我国第一次非铁路系统承办的较大规模的气排球比赛——华东地区首届老年人气排球邀请赛，标志着气排球运动开始走向大众。2005年7月，中国老年人体育协会制定了《老年气排球竞赛规则》，气排球运动得到了进一步推广。

2013年中国排球协会制定了《气排球竞赛规则》，为气排球活动在全国范围内的开展与推广进行了规范、统一的指导和推动。经过多年的推广普及，气排球运动发展迅速，势头强劲，受到越来越多人的喜爱和关注。特别是在不同年龄人群的健身活动中，气排球运动以其独特的魅力，逐渐占据了重要地位。①

第二节　气排球专项运动规律与特点

一、气排球和排球的共同运动特性

（1）独特的空中击球技术。在隔网对抗击球游戏和比赛中，无论是接对方的球、接本方同伴的球或抛起发球等各种击球方式，都是击空中飞行的球。因此，运动者要对击球的时间和空间感把握准确。

（2）击球时触球时间短促。不允许"持球"，即不允许球在击球部位（如手等）停留时间过长。因此，运动者既要有在短暂的触球时间内，对来球的力量、速度、角度等进行准确判断的能力，又要有将球准确地击向预定目标的控制能力。

（3）全身各部位均可击球。与其他排球运动一样，气排球竞赛规则允许运动员全身任何部位触球。因此，运动者在击球过程中能充分体现自身才能和展现各种高超的击球技术。

（4）独特的得分和失分计算。在运用各种技术动作时，都能直接得分或直接失分。因此，运动者要具有扎实的基本功，全面、熟练地掌握技术，提高成功率，降低失误率，这也是气排球比赛中不可忽视的制胜因素。

（5）战术配合时触球次数的有限性。隔网对抗时，每一次战术配合只能在3次击球次数内完成。因此，运动者要具有高度的战术意识和与队员默契配合的能力。②

①　黎禾. 大众气排球［M］. 北京：北京体育大学出版社，2015：2.
②　谭洁. 气排球运动教程［M］. 长沙：湖南师范大学出版社，2017：2.

二、气排球运动的自身特性

（1）球体大。相较于室内排球、沙滩排球和软式排球，气排球圆周长较大，为72～78厘米，因此在运动当中，手能接触球的部位增大，更容易控制球和进行发力。

（2）球量轻。相较于室内排球、沙滩排球和软式排球，气排球重量更轻，重约120～140克，因此在击球时不用大力击球，防守时更易起球。

（3）球压小。相较于室内排球、沙滩排球和软式排球，气排球气压更小，标准气压范围为0.15～0.18千克/平方厘米，因此一定程度降低了进攻性击球时的速度和力量，有利于增加来回球。

（4）球质软。相较于室内排球、沙滩排球和软式排球，气排球为薄皮包裹内胆，击球时疼痛感较小，不易受伤，能在一定程度上解除参与者的畏惧心理。

（5）球性好。气排球球体弹性足，软中有刚，易传高球（软排弹性松软，需借力；室内排球手指承力大，有疼痛感，易受伤）。

（6）球速慢。气排球飞行时飘度大、滞空时间长，球落地较慢，易移动击球（室内排球速度快，软排稍重下落速度稍快）。

（7）球场小。相较于室内排球、沙滩排球和软式排球，气排球场地更小，标准场地长12米，宽6米，并且场地可套用羽毛球场地（长13.4米，宽6.10米），在日常生活中更容易进行场地布置。

（8）上手易。气排球上手技术要求不高，对于没有排球技术基础的初学者，难度较小，更容易参与到气排球运动当中。[①]

总之，气排球活动难度不大，参与比赛的技术要求不高，相较于室内排球和沙滩排球，更具有安全性。同时，在气排球比赛中，来回球更多，这既提高了活动的趣味性、欢快性和激烈性，又保证了一定的运动量，给参与者生理和心理都带来了积极的影响。

三、气排球运动与排球运动技术动作特点的比较

（一）气排球与排球发球技术比较分析

1. 准备姿势

共性：在正面下手发球和正面上手发球中，气排球与室内排球发球准备姿势基本一致，为正对球网，双脚前后开立。

差异：基于球的特性和场地因素而言，室内排球的大力跳发球相较气排球需要

[①] 谭洁. 气排球运动教程［M］. 长沙：湖南师范大学出版社，2017：2.

更长距离的上步空间，便于身体冲跳迅速地发力。气排球多采用一步或两步起跳的方式。因此气排球的准备姿势距离发球线/跳发球线更近。

2. 击球手型

共性：两者手型基本一致，发飘球和发大力球的基本要求与室内排球相同。

差异：由于气排球的球周长更长，气压低，所以在发球时，气排球相较于室内排球而言，发大力球时需将手型张开得更大，以更好地包住球增加控制感。而在发上手飘球时，气排球更多的是靠手臂和手腕，不需要全身发力，但需要击球位置精准、动作幅度小、发力快速，室内排球则需要协调全身用力来击球。

3. 击球点

差异：在原地大力发球和大力跳发球时，由于气排球场地小，球体轻，飞行轨迹短，所以气排球抛球比室内排球抛球更靠后，身体反弓幅度更大，击球点更靠后，以便手臂和手指更好地控制球。而室内排球的击球点则更高更靠前，以利于更迅速地发力。

在发上手飘球时，室内排球抛球采取手掌平托上送的动作，将球抛在身前30厘米处，球距离手托球上送最高点约1米的高度，协调蹬地、转体、挥臂的力量快速击球，所以室内排球在发上手飘球时也比气排球击球点要更高更靠前。气排球的击球点比室内排球要靠后，即距离右肩的距离更近，主要依靠手臂的力量快速击球，同时小臂向前敲击的幅度更小以防止球出界。

4. 发力

差异：室内排球的大力跳发球强调助跑起跳与击球的连贯性，并要求腰腹和手臂力量充分、快速释放，但对手掌包球的效果有一定的包容性。气排球在大力跳发球方面，由于飞行距离短，球抛起后下落较慢，所以上步空间短，起跳节奏稍慢，对腰腹发力在控制球的飞行轨迹和方向方面，以及手掌包球推压方面的精准性要求更高。同时，由于球下落时可能产生飘晃，所以甩臂向上够球的要求更高。

（二）气排球（捧球、捞球、插托球）与排球的垫球技术动作比较

垫球技术主要应用在第一次接球时，常用于处理接发球和接扣球，也用于接推攻球和接拦回球，可以说是接发球进攻和防守反击的重要组成部分。两者之间的共同点是，它们都是通过手臂进行正向、反向或侧向垫球。而不同点主要在于气排球发展出了几种独特的垫球技术动作，即捧、捞、托的技术动作。[①]

1. 准备姿势

共性：在垫球时，两者的准备姿势基本一致，为两脚开立前后站，双手自然置

---

① 韩飞龙. "地排球"与软式排球、气排球运动特点的比较研究［D］. 太原：山西大学，2016：23.

于腹前，两脚之间距离同肩宽。二者在接一传时，室内排球采用半蹲准备姿势较多，气排球则采用稍蹲准备姿势更多。在接拦回球时，由于速度较快，且幅度小，基本垂直向下，二者大多采用深蹲准备姿势。

差异：气排球的捧球技术，采用稍蹲或半蹲准备姿势，两肘弯曲，并且上臂与前臂自然弯曲置于腰腹部；捞球技术，采用深蹲或半蹲准备姿势，两肘弯曲，单手呈平形状在腹前贴近地面的位置将球捞上救起；插托球技术，采用半蹲或稍蹲准备姿势，两肘弯曲，一手置于腹前，掌心朝上托住来球，另一手置于胸腹之间，掌心向前扶住来球。

2. 垫球手型

共性：室内排球一般采用正面双手垫球技术，手型有叠指式、抱拳式、互靠式，气排球垫球若也采用正面双手垫球技术，则手形与室内排球一致。

差异：气排球的捧球、捞球和插托球技术是室内排球所没有的技术。捧球技术要求掌心朝上，手掌十指斜相对，双手形成一个贴合球体的捧球平面；捞球技术要求掌心朝上，手与前臂呈45°夹角，通过前臂前插和手指、手腕上翘的力量将球捞起；插托球技术要求双手五指张开，一手掌心向上，托住来球底部，另一手掌心向前，扶在来球中后部，手型一上一下。

3. 击球点

共性：用正面双手垫球时，二者的击球部位都在腕关节以上10厘米左右的小臂内侧，等球落到腹前约一臂距离时击打球的后下部。

差异：气排球捧球技术的击球点在身体的腹前方。使用捞球技术时，膝关节以下或膝关节以上、腰腹以下都可以作为击球点；插拖球技术的击球点主要在胸腹间或两肩的外侧。

4. 发力

共性：气排球与室内排球采用正面双手垫球技术时，发力顺序均为控制身体的全身发力，即踝—膝—髋—肩—手臂。

差异：在室内排球垫球技术中，要求身体方向对准来球，主动迎球。而气排球的球体更轻更飘，场地更小，接重球时要有更大的触球面和更长的缓冲时间，用正面双手垫球的方法很难控制好球的方向和力度，易将球接飞。

不同于室内排球的是，气排球采用正面双手垫球时，对于力量大的来球，不能抬臂加力，对准球后手臂不动，耸一下肩往前送，即需要一个泄发力的动作（让球在手臂上弹起或者运用缓冲作用）。在接重扣和大力发球时，由于球的飞行轨迹没有规律，采用捧球、捞球、插托球技术，可以增加控球的范围和面积，以利于更好地将球控制住，并充分给球一个在手中缓冲的时间，以便一传更到位。

（三）气排球与排球的传球技术动作比较

传球技术主要用于第二次击球，是用手指、手腕完成的击球技术。其特点是准确、柔和、善于变化，便于组织进攻，是比赛中由防守转入进攻的关键。

1. 准备姿势

共性：二者均采用稍蹲准备姿势，双手自然放松置于胸前。

差异：由于气排球球体更大，所以两手间距离更大，五指张开程度更大。

2. 击球点

共性：一般情况下，二者击球点均在额头前上方约一球距离处。

差异：气排球对持球的要求相对宽松，为增加缓冲时间，可适当降低击球点（脸前或胸前），以利于传球时的稳定。

3. 发力

共性：二者传球时均为合力，即屈踝—伸膝—伸髋—伸肘—抖腕，协调发力。

差异：室内排球规则中要求球在手中的停留时间不得超过 0.3 秒，所以出手时要求速度更快。另外室内排球球体较硬较重，发力时对手指的力量要求更高。而气排球球体更大更软更轻，规则中对持球的尺度要求较低，可以充分利用手腕的力量，使球在手中的缓冲时间变长以增加球出手时的稳定性和准确性。另外，在上手传球时，室内排球规则中要求不允许连续两次传球，传出的球不可快速旋转，而在气排球中未有此要求。所以室内排球的传球发力，要求两只手的用力更加集中，要求二传对传球的控球能力更强。

技术上，由于规则要求气排球需在 2 米进攻线后起跳扣球，所以比赛中，气排球二传传球的位置大概离网 1 米距离处。给三号位近体快球时球也不能太贴网，因为队员在冲跳 2 米后，其击球高度会有所下降，而稍微开网，则能保证队员有更高的击球点，同时能有空间让攻手扣出清晰的线路，减少扣球队员触网和被拦网。[①] 而在室内排球二传传球时，由于前排队员只有球网的限制，所以对二传传球控制精准性的要求更高，传出的球要更加灵活，隐蔽性要更强。

战术上，比赛中室内排球二传会有意识的进行二次进攻。而气排球的二次球更多的表现在接一传的过程中直接调整给攻手打二次球，大多表现为一种非直接参与的二次攻球。

二传在室内排球中往往以传高而远的球为主要方式；但在气排球中，这种高远传球的优势逐渐在被削弱，常常传出低、平、快的球，再利用攻手良好的手型变化

---

① 刘利鸿. 广西气排球技战术的新进展 ［J］. 体育科技，2014，35（2）：47 – 49.

造成对方打手出界，反而更有优势。

（四）气排球与排球的扣球技术动作比较

扣球是排球重要的基本技术之一，是排球比赛中最重要的得分技术，最有效、最积极的进攻手段之一。

1. 准备姿势

共性：二者的准备姿势均采用稍蹲准备姿势，两臂自然下垂。

差异：室内排球站在距离球网 3 米左右的位置观察来球，气排球由于要求站在 2 米线后进攻，则需距离球网 4 米左右的位置观察来球。做好向各个方向助跑起跳的准备。

2. 助跑起跳

共性：二者扣球助跑起跳动作基本一致。

差异：受场地距离和攻防转换节奏影响，气排球的扣球在很多时候表现为一种非充分起跳，即非充分准备下的即时起跳。

3. 空中击球

差异：在扣球时，室内排球会利用个人身体素质及网高优势，采用高举高打，而气排球很难打超手，得分主要靠速度，因此一步甚至原地起跳多，同时收腹速度快；很多时候甚至来不及找最高点，即在牺牲高度而抢最快时间的情况下来完成进攻。

在击球手型上，相较于室内排球，气排球扣球必须要让球更为充分的上旋，才能更好地避免出界，这就对攻手的手包球和推压球技术要求更为严格。

在发力上，气排球本身体积大、重量轻，气压低、质地柔、在飞行过程中速度较慢，所以相比较室内排球来说，气排球在扣球时击球点更靠后、向前上方推压手腕动作更明显，要充分依靠空气的摩擦力使球下沉。在扣球时，由于场地小，所以进攻线路小，斜线空间少，这就需要视野宽，灵活选择扣球线路或打手出界。

总的来说，气排球的扣球对手包球技术严格，击球点相对更靠后。而室内排球，扣球时对身体素质的要求比气排球要求高。在规则限制上，气排球因为场地小并且要在进攻线后起跳，因此球的过网点不高，所以基本上无超手球。但经常要在拦网后迅速下撤到限制线后再进攻，这就需要多一个后撤步，再接一步起跳或原地起跳扣球，所以对脚步移动速度要求较高。

在战术组织中，气排球的战术组织相对单一；常见的战术主要是 2、4 号位两边拉开，中间快球，后边跟一个二点；想要制胜的话，气排球进攻的节奏要比室内排球快，也由于网长等因素，气排球对场上每一位队员的组织变化要求高。而室内排球则主要对二传的组织变化要求更高。

（五）气排球与排球的拦网技术动作比较

拦网是排球比赛中的第一道防线，也是反攻的前沿。

1. 准备姿势

二者拦网时准备姿势均一致。面对球网，密切注视着对方动向，两脚平行开立，约同肩宽，距网20～30厘米，两膝稍屈，两手自然弯曲置于胸前，随时准备起跳和迅速向两侧移动。高大队员则双手上举，准备移动和起跳。

2. 移动找球

拦网分为单人拦网、双人拦网和三人拦网。依据对方扣球点的距离，可灵活运用并步、滑步、交叉步等移动步法。气排球由于场地等因素，在比赛中，并步和滑步运用较多，采用并步和滑步时要更加快速。由于场地小，中间队员不好摆臂，交叉步运用较少，而在拦高球时，可适当运用交叉步，以便增加起跳高度。而室内排球中，由于网较长，较多采用交叉步。

3. 起跳

二者的起跳动作均一致。由于气排球本身存在球大且轻的特点，男子网高2.1 m，女子网高1.9 m，混合网高2 m。个子高的运动员拦网时不一定存在绝对的优势，也正因为个子高、跳的高，拦网时很容易被对方攻手造成打手出界。所以相比较室内排球而言，气排球在起跳中不宜跳得过高。也由于规则因素，室内排球在拦网中则需要准备二次起跳，即探头球。

4. 手型

由于球的特性，气排球比室内排球在拦网时的手型适度放松，可更好地控制球反弹的方向。室内排球则要求手型更加紧张。

5. 空中拦击

在拦网中，气排球的拦网相对于室内排球具有更强的攻击性，对于比赛的胜负影响也更大。所以相对来说气排球中的拦网比进攻重要，而室内排球进攻比拦网重要。由于场地、规则和球的特性，气排球拦网在手臂直立的前提下，只能尽量去动手腕，不能在球到本方场地时压手腕或打探头球。这就要求在空中拦击中，手腕压的幅度要大，速度要快，整个反应也要更加迅速，两手之间的距离及手型在球网上高度的把握更为重要；同时，气排球高水平比赛中有更多的三人拦网，所以打斜线球的空间不大，拦网时对两边直线球的拦防更为关键，边上拦网队员的外侧手不能距离标志杆太远。

四、气排球运动与排球运动战术特点的比较

(一) 个人战术

1. 发球个人战术

共性：在气排球与室内排球的比赛中，发球都可以采用控制发球落点、增强发球的攻击性和准确性来提升发球的性能。二者在比赛中，场上队员均可采用不同的发球方式来破坏对方接一传的节奏。

差异：在常用的发球战术中，气排球的发球方法更为多样，可采用上手发飘球、上手发大力球、大力跳发球、勾手发球等。而由于气排球球体轻，发球时可以给予球上旋、左旋、右旋以更有效地改变球的飞行弧度；可以通过加快球的旋转，发出"香蕉球"和"电梯球"，使球体更加飘晃，不易找到球的落点。

由于气排球与室内排球发球规则不同，气排球为得分后轮换发球，室内排球为得分后连续发球，所以在气排球比赛中，可采用发球稳定性强、发球攻击力大的队员站在首轮发球位。

2. 接发球个人战术

气排球由于具有自身球体轻、飘，受力易变形的特性，所以在接一传的过程中对接球队员造成了一定的困难。

共性：在组织强攻战术时，一传的弧度要略高，为二传创造有利条件。在组织快攻战术中，一传弧度要低平，速度稍快，有利于加快进攻节奏。

差异：在对方发球攻击性不强以及第三次无攻过网时，接一传可用传球、插托球、捧球等方法，更准确地组织快速反击或直接传给扣球队员进行二次攻。

3. 二传个人战术

共性：都有集中、拉开，强攻、快攻，远网和近网球；都会通过隐蔽动作或假动作，打破对方拦网部署。[1]

差异：气排球比赛中为了有效突破拦网，在二传的个人战术方面更强调在空间、时间以及动作上的变化，利用各种击球动作改变二传球出手的快慢、高度和弧度。[2]而在室内排球中，二传以传高远球为主要方式；但在气排球中，由于要加快进攻节奏，所以多为低、平、快的传球，再利用攻手良好的手型变化造成球越过拦网手或造成对方打手出界。

4. 扣球个人战术

共性：在扣球线的变化中，气排球与室内排球基本上都采用直线与斜线相结合，

---

① 黄汉升. 球类运动——排球（第三版）［M］. 北京：高等教育出版社，2015：127.
② 谭洁. 气排球运动教程［M］. 长沙：湖南师范大学出版社，2017：66.

长线与短线相结合的方式。同时，都会利用助跑线路和转体转腕动作形成扣球线路的变化。而在线路的变化中，室内排球与气排球都会采用突然改变扣球方向避开对方拦网以及利用对方拦网制造打手出界得分等方式。

差异：与室内排球相比，在气排球的扣球中，利用突然的一次攻或两次攻的机会更多，更容易造成空网或一对一的有利局面。在动作的变化中，室内排球会利用个人身体素质及网高优势，采用高举高打，而气排球很难打超手，得分主要靠速度，因此一步甚至原地起跳多，同时收腹速度快；或者利用打手出界以及搓推球使球越过拦网手。

5. 拦网个人战术

共性：可采用拦直线起跳向侧伸臂拦斜线，或斜线位置起跳拦直线；改变空中拦网手的位置；做假动作迷惑对方。

差异：气排球由于过网点低，所以拦网不用跳太高且更易直接拦死扣球而得分。室内排球则要求拦网点要高；气排球高水平比赛有较多的三人拦网，室内排球则有较多的双人拦网，在拦网的拦截范围上有所差异；室内排球较多地使用盖帽式拦网技术，而在气排球运动中，当球在本方或者网口时，拦网队员不能提前压腕。

（二）集体战术

1. 阵容配备①

（1）四人制阵容配备

四人制阵容配备包括三一配备和二二配备，其中三一配备为一名二传，三名攻手，这种阵容配备的优势为二传是专位，担负组织进攻的任务，可以使场上拥有三名攻手，更好地保障球队的进攻能力，与室内排球的五一配备相似，不同之处在人数上。

二二配备为两名二传，两名攻手，两名二传谁在前排时谁来组织传球。其中，场上配备两名二传的情况下，两人的传球风格一定会各具特色，所以在攻手扣球时的节奏也会随着二传配备的不同有所改变。在战术组织转换上也与室内排球的四二配备无明显差异。

（2）五人制阵容配备

五人制的阵容配备包括了四一配备和三二配备，四一配备较多用于高水平队伍，通常为一名二传和四名攻手。这种阵容配备的优点在于二传任务明确，其余的四名队员只需要适应一个二传的传球即可，便于二传组织和攻手进攻，进攻性较强，这种配备也是根据室内排球中的五一配备所设。

---

① 黎禾. 大众气排球 [M]. 北京：北京体育大学出版社，2016：12.

三二配备较多运用于业余队伍，通常为三名攻手和两名二传组成，与室内排球的四二配备基本相同，场上共两名二传，在换位时在前排的二传负责组织进攻。而气排球由于人数上比排球少了一名，所以也由室内排球的四二配备转换为三二配备，但两种配备方式相比较无明显差异。

2. 进攻阵型

进攻阵型是指全队进攻时采用的组织形式。合理的进攻阵型有助于某些集体战术的实施。

首先，气排球运动的进攻阵型也是以室内排球为基础进行的设置。排球"中二三"① 与四人制气排球"中三"和五人制气排球"中二二"的共性是，二传队员都居中站位，场上移动距离以及传球距离短，一传目标明确，战术配合简单，适用于初学者及高水平队伍为稳定战局或来不及组织复杂战术进攻的情况下采用。不同之处为气排球在采用"中三"或"中二二"进攻阵型时，后排三号位进攻暴露明显。另外，受规则影响，气排球进攻点可集中于后排三点攻，而室内排球在采用进攻阵型时，进攻点主要集中在前排两点攻。

其次，与室内排球不同的是，气排球在高水平的比赛中运用较多的是"两次球及其转移"进攻阵型，这种进攻阵型是指当一传弧度较高，落点又在进攻线附近时，二传队员可以直接将球扣或吊入对方场区；或者佯装扣球，在空中将球转移给其他队员进攻的组织形式。这种进攻阵型的优点是，加快了进攻的速度，改变了进攻的节奏，使对方难于防守，同时还能迷惑对方拦网。

3. 进攻打法

（1）强攻打法

有研究者指出气排球比赛应以四号位和二号位强攻为主，并充分运用扣探头球和三号位快球战术，以及适时采用吊球和后排扣球技术来提高进攻的灵活性和效果。② 还有研究者表明，在一攻系统中，主要还是强攻，而且一般还是运用两边拉开的强攻战术。③ 同时，由于进攻线的限制和拦网起跳速度与高度的特点，时间差战术运用的效果较差，梯次和交叉战术可以起到一定的进攻效果，但组织难度大。

（2）两次球及其转移进攻

与室内排球不同的是，气排球的二次攻运用效果更好，当一传弧度较高，落点

① 黄汉升. 球类运动——排球（第三版）[M]. 北京：高等教育出版社，2015：130.
② 刘利鸿，孙平，许军，等. 南宁市第八届运动会气排球联赛男子决赛中扣球技术运用分析 [J]. 四川体育科学，2013，32（4）：77-81.
③ 张义博. 气排球运动攻防技术运用效果研究——以2020年湖南省气排球比赛男子青年组为例 [D]. 郑州：河南大学，2021：69-70.

又在进攻线附近时，二次传球的队员可以直接将球扣或吊入对方场区；或者佯装扣球，在空中将球转移给其他队员进攻。这种进攻打法加快了进攻的速度，改变了进攻的节奏，使对方难于防守，同时还能迷惑对方拦网。因此参与接发球时，其位置应在进攻线附近，便于两次攻。同时队员应具备原地起跳扣球和一步助跑起跳扣球的能力，注意起跳点在进攻线后，避免犯规。

另外，为达到出其不意的进攻效果，气排球的两次球及其转移进攻突然性较强，对一传的要求较高，一般在发球攻击性小，扣球威力不大或对方把球垫过来时采用。综合来看，由于场地较小，气排球在进攻方面使用快攻、两次攻及其转移的进攻方式更有优势，这也是与室内排球对比来看较为明显的一项差异。

4. 防守战术

气排球的防守战术分为接发球防守战术、接扣球防守战术、接拦回球防守战术和接传垫球防守战术四种。[1] 针对不同的来球选择相应的防守战术，但即便选择的防守战术相同，也会因为技术应用的差异而出现不同的防守效果。[2] 因此将从以下几个方面比较气排球与室内排球的不同。

（1）接发球防守战术

气排球接发球防守形式与室内排球较为相似，不同之处主要是在人数和站位上。室内排球有五人接发球站位阵型、四人接发球站位阵型、三人接发球站位阵型，甚至两人接发球站位阵型。但气排球由于有进攻线的限制，所以多为三人接发球或四人接发球站位阵型。

（2）接扣球防守战术

气排球的球网低，基本上攻手扣球时的力量都比较大，速度也比较快，所以需要靠前排的拦网才能更好地减弱对方的进攻威胁，从而有效组织本方的进攻。所以气排球拦网在高水平的比赛中更多的是三人拦网或两人拦网。

当三人拦网时，由于线路基本被封死，会出现球打手后高飞、直接吊球、利用搓扣球技术越过拦网手。所以，后排两名防守队员主要站在左区、右区的腰线位置，根据对方扣球情况进行灵活应对。当两人拦网时，三名防守队员，一人撤到进攻线附近防守小斜线扣球，同边另一名防守队员向下撤，撤到 5 号位附近防扣大斜线球，拦网队员后面的防守队员撤到距离端线约 2 米处，防守直线扣球或吊球。

① 黄汉升. 球类运动——排球（第三版）［M］. 北京：高等教育出版社，2015：106.
② 张义博. 气排球运动攻防技战术运用效果研究——以 2020 年湖南省气排球比赛男子青年组为例［D］. 郑州：河南大学，2021：51.

（3）接拦回球防守战术

气排球运动的防拦回球战术，由于气排球球体较轻，且球的下落速度慢以及接球动作的多样性，相比于室内排球，气排球对拦回球的防起率更高，更有利于重新组织有效进攻。防守队员一般在进攻线附近进行防守。

（4）接传垫球防守战术

气排球运动在比赛中的攻防转换节奏要比室内排球快，在多回合球中常常会出现无攻的传垫球，由于气排球比赛中对持球的要求较为宽松，所以在接传垫球的战术中，几乎不会出现失误。由此，主要进攻队员一般不参与接球，而准备进行战术攻或强攻。

综上来看，气排球在防守战术上表现出了拦网次数多、转换频率快、减弱攻击性或直接得分的功能性作用强等特点；防拦回球和轻吊球的防起率高的特点；接空网扣球时，后排防守失误率高的特点。

第二章　气排球教学

第一节　气排球基本技术

一、准备姿势和移动

（一）技术要领

准备姿势与移动是气排球技术的基础，为了更有利于迅速移动、及时起跳、倒地救球等。准备姿势是为了便于完成各种技术动作而采取合理的身体姿势。准备姿势较容易掌握，虽相对简单，但却十分重要，如同盖房子先打地基，如果不在刚开始的学习阶段学好，养成了错误的习惯，会直接影响到之后对于各项技术动作的学习与使用。从起动到制动的过程称为移动。训练移动的主要目的是以更快的速度接近球，更好地把控人球之间的位置关系，更快速地占据球场上的有利位置。移动由起动、制动、移动步法三个环节组成。[①]

1. 准备姿势

准备姿势可以使运动员在比赛中时刻处于注意力集中的状态，正确的准备姿势可以帮助队员及时移动及做好击球准备。准备姿势可分为稍蹲准备姿势、半蹲准备姿势、深蹲准备姿势。[②]（见图2-1）

（1）稍蹲准备姿势（视频1）

两脚开立，脚内侧与肩同宽，一脚稍前一脚稍后，两脚保持微动，后脚跟稍稍提起，两膝微曲重心放在前脚掌，含胸收腹，以便于更好地完成移动。双臂自然放松屈肘，两手置于腹前以便于选择传球、垫球或捧球。

（视频1）

---

① 虞重干.排球运动教程［M］.北京：人民体育出版社，2009：37-41.
② 黄汉升.球类运动——排球（第三版）［M］.北京：高等教育出版社，2015：48.

（2）半蹲准备姿势（视频2）

半蹲准备姿势比稍蹲准备姿势略低，两脚开立，脚内侧比肩略宽，两膝弯曲后脚脚跟提起，随时准备起动，身体重心在前脚掌，双臂自然放松屈肘，两手置于腹前。

（视频2）

（3）深蹲准备姿势（视频3）

深蹲准备姿势的身体重心比半蹲准备姿势更低、更靠前，两脚前后开立和左右开立的幅度应当更大，两膝弯曲程度更大，双臂自然放松屈肘，两手置于腹前，两脚始终处于微动状态。

（视频3）

稍蹲　　半蹲　　深蹲

图 2 - 1　准备姿势

2. 移动步法

移动的目的是主动及时地接近球，保持好人与球的关系，便于击球。移动步法的运用影响到技术、战术的质量。移动由起动、步法交换和制动三个环节组成。起动是向目标方向移体，它是在准备姿势的基础上变换身体重心，打破准备姿势时的平衡，以便移动。起动后要根据技战术的需要，灵活地运用各种步法进行移动。移动步法可以分为：并步与滑步、跨步与跨跳步、交叉步、跑步等。

（1）并步与滑步（视频4）

并步与滑步是同一类动作。并步是指一脚向来球方向跨出一步，另一脚迅速跟上的脚步移动，滑步是指连续的并步移动。（见图 2 - 2）

并步主要用于近距离的传、垫球，滑步主要用于稍远距离的传、垫球。其技术动作方法是：异侧脚脚内侧蹬地推动移动方向的脚先跨出一步，异侧脚再迅速跟上成准备姿势。例如，向右并步时，左脚脚内侧先向右蹬地推动右脚向右迈出一步，左脚迅速并上，落在右脚的左侧成准备姿势。并步可向

（视频4）

前、后、左、右各个方向移动。并步移动时，要保持身体重心水平移动，脚贴近地面移动。使用连续并步即为滑步移动。

图 2 - 2　并步移动

（2）跨步与跨跳步（视频5）

跨步与跨跳步是同类动作。跨步是指向来球方向跨出一大步的移动方法，跨跳步是指在跨步动作的基础上伴有跳跃的动作。（见图 2 - 3）

（视频5）

图 2 - 3　跨步移动

跨步主要用于接体侧、体前低且速度快的来球。其技术动作是：以向前跨步为例，利用后腿蹬地力量，向来球的方向跨出一大步，膝部弯曲，上体前倾，身体重心移至前腿，后腿留在原处。跨跳步是在跨步的基础上，后脚向来球的方向蹬离地面，有一个腾空阶段，前脚落地后，迅速屈膝。

（3）交叉步（视频6）

交叉步是指以腿部交叉的方法进行移动的技术动作。当来球距离体侧3米左右时，可采用交叉步。其特点是步子大、动作快、制动强。其技术动作方法是：上体稍转向来球方向，远侧脚从近侧脚前面，沿来球方向，交叉迈出一步。近侧脚再向来球的方向跨出一大

（视频6）

步，同时身体面向来球方向，成准备姿势。（见图2－4）

图2－4 交叉步移动

（4）跑步（视频7）

跑步是指跑动击远距离球的技术动作。当球距离身体很远时，可采用跑步。其技术动作方法是：一脚蹬地起动，另一脚迅速向移动方向迈出，两脚交替进行。当来球在侧方或后方，可采用侧身跑或边转身边跑；当来球是在身后的高球，可采用后退跑。跑动时，重心平稳，两臂要配合摆动，不要过早做击球动作。跑动到位后，控制身体平衡，完成准备姿势。（见图2－5）

（视频7）

图2－5 跑步移动

跑步是最常用，也是最好用的移动方法，可以向各个方向跑动；跑步的步频要快，步幅由小到大，转身跑步必须回头看球。运用的难点是制动，只有制动好才能稳定击球。

（二）教学步骤①

1. 准备姿势

（1）示范

教师对教学动作先进行完整示范，然后边讲解边分解示范，如脚的站位，身体

---

① 孙平. 现代排球技战术教学法 ［M］. 北京：北京体育大学出版社，2008：137.

姿势及重心位置，手臂的姿势及位置等。示范位置可采用队前或队中（学生人数多时）的正面、背面和侧面示范。正面示范时，让学生观察两脚的位置和两手的位置等；背面示范时，让学生观察后脚脚跟离地和两脚脚内侧宽度的情况；侧面示范时，让学生观察身体弯曲角度和重心的位置及变化。

（2）讲解内容

讲解准备姿势的目的、作用；准备姿势的分类；不同准备姿势的动作要点、相同点与不同点、与其他技术动作的衔接和应用。

（3）组织练习过程

先进行模仿练习，然后根据信号做好击球前的准备姿势。

（4）发现错误动作并给出纠正方法

①上半身挺得过直，导致身体僵硬，形成塌腰、挺胸的情况；

纠正方法：讲清动作要领，反复强调含胸收腹和上半身重心靠前。

②两脚前后左右间距不当或两脚朝向不当；

纠正方法：通过语言提示强化正确动作，如两脚比肩稍宽，脚尖朝前等。

2. 移动步法

（1）先进行完整示范，给学生完整的动作表象，然后边讲解，边示范动作细节。

（2）讲解移动的作用、目的；移动与准备姿势的关系；移动的三要素（起动、步法、制动）；移动的分类；如何选择移动步法；移动步法在比赛中的运用。

（3）练习组织过程：先模仿移动步法，然后判断信号进行移动练习，结合场地区域和位置的移动步法练习，结合起动和变向的移动练习，结合球的移动练习，结合技术的移动练习。

（4）发现错误动作并给出纠正方法。例如起动速度慢，起动步法不对，纠正方法是强调重心保持稍靠前，专门练习不同方向的起动步法。移动步法运用不熟练，纠正方法是反复练习常用的几种基本步法（并步、交叉步等）以达到熟练的地步。

（三）练习方法①

1. 准备姿势

（1）原地徒手练习

学生听教师哨声集体做某一种准备姿势；学生看教师手势做不同准备姿势；学生两人一组，一人指挥，一人做相应准备姿势。

（2）两人观摩练习

两人一前一后（或面对面）站立，后面的学生模仿前面的学生，做准备姿势动作。两人可以相互观察学习并纠正对方的错误。

---

① 孙平. 现代排球技战术教学法［M］. 北京：北京体育大学出版社，2008：11.

（3）击球前准备姿势练习

原地以放松的姿态活动，听到教师哨声信号后，学生立即做好准备姿势。

2. 移动步法

（1）原地模仿练习

看教师手势做前、后、左、右的移动动作，可以是各种移动步法的模仿练习。注意练习间距，提示学生注意观察教师的手势，然后按照正确的方向移动。

两人模仿练习，两人一前一后，后面学生模仿前面学生做移动动作。要注意练习间距。

（2）两人跟动练习

两人一组，面对面，一人主动用各种步法向不同方向移动，另一人紧跟其做变方向移动。保持适当的练习距离。

（3）行进间接抛球练习

两人为一组，一人抛球，另外一人移动接住球后抛回给同伴。

（四）常见错误及纠正方法

1. 准备姿势常见的错误和纠正方法

常见错误：起动缓慢。错误表现：站姿重心后移，脚跟着地；双膝并拢过多或两脚尖没有内扣，造成起步步幅大且步频慢。纠正方法：每次起动前先用双手摸前足前方地面，使双膝投影超过脚尖；多做低姿势移动辅助练习。

2. 移动时常见的错误和纠正方法

（1）起动慢。错误表现：对来球的落点和迎球时机判断不准确。纠正方法：明确概念，多做起动辅助练习，如各种姿势下的起跑。

（2）移动时身体起伏大。错误表现：重心过高，迎球步法不恰当。纠正方法：多做穿过网下的往返移动。①

（3）制动不好。错误表现：制动步偏小且脚尖没有转向目标击球方向，制动后不能保持准备姿势。纠正方法：提示脚和膝内扣，强化最后一步稍大的练习。

二、传球技术

（一）技术要领

1. 正面双手传球（视频8）

（1）技术分析

①击球点：要求尽量保持在额前上方约一球距离。原因有三：一

（视频8）

---

① 黎禾. 大众气排球［M］. 北京：北京体育大学出版社，2015：29 - 30.

是便于观察来球，看清手和传球的目标，有利于对准和控制传球方向；二是便于全身协调，有利于提高传球的准确性、稳定性；三是肘关节有一定的弯曲度，便于继续伸臂用力，有利于变化传球方向。

②腕、指的击球动作：触球前，腕、指应有一个前屈的迎球动作；传球时，腕、指应根据来球的速度和传球的距离，保持适当的紧张度。前屈迎球动作要小而及时，动作顺序由手腕的前屈带动手指的前屈。接轻球时，迎球动作要柔和；接重球时，指腕稍紧张些，用力稍大些。①

③全身的协调用力：传球的动作从下肢蹬地到手指击球，由下而上要连贯协调，一气呵成。（见图 2-6）

图 2-6 正面双手传球

（2）动作要领

两眼视球快取位，蹬地伸臂额前迎，正确手型协调力，一气呵成击球出。

---

① 李莹. 气排球［M］. 北京：中国人民大学出版社，2018：14.

2. 背向传球（视频9）

（1）技术分析

（视频9）

①背向传球时，下肢蹬地的方向是接近与地面垂直，并通过展体、挺胸、抬头的动作，使抬臂、伸肘、送肩的协调用力方向偏向后上方。因此，背向传球的击球点应保持在头上方的位置，比正面传球偏后，以便于向后上方用力。

②由于背向传球是与正面传球完全相反的方向将球传出，因此，传击球时腕要始终保持后仰，手指手腕应向后上方抖动用力，其中两大拇指用力更多些。

③由于背向传球看不到传球的目标，因此，传球前必须先观察判断好传球的方向和距离，尽量使背部正对传球目标。（见图2-7）

图2-7　背向传球

（2）动作要领

上体稍直臂上抬，掌心朝上腕后仰，背部正对目标处，协调传球后上方。[1]

---

[1]　谭洁. 气排球运动教程 [M]. 长沙：湖南师范大学出版社，2017：41.

3. 侧向传球（视频 10）

（1）技术分析

（视频 10）

身体侧对传球目标，在不转动身体的情况下，靠双臂向侧方传球的动作称为侧向传球。

①准备姿势

与正面传球相同。

②迎球

与正面传球相同。

③击球

击球点位于额前上方偏于出球方向一侧。手形与正面传球手形基本相同，出球方向一侧的手臂要略低一些，同时，上体向出球方向一侧倾斜。在上体向出球方向倾斜，身体协调用力的同时，双臂向出球一侧用力伸展，一侧手臂动作幅度要大，伸展要快。

（2）动作要领

身体重心偏向传球方向，出球一侧的手要略低于另一侧。（见图 2-8）。

图 2-8 侧向传球

4. 单手上手传球（视频11）

（1）技术分析

当来球离身体较远或来球靠近网口时可用单手传球技术。（见图2-9）

（视频11）

①来球离身体较远时，接球队员先移动脚步，对准来球位置以右（左）手，主动去迎球，手掌朝上托送球的下部。

②当一传高且靠近网口或将飞过网时，队员两腿蹬地、膝关节伸展，靠近球一侧的手臂上举，手腕后仰，掌心向上，五指适当收拢，构成一个半球状手型，伸至球的后下部，利用腕指的弹力，将球向本方场区传出。①

图2-9　单手上手传球

（2）动作要领

准备姿势—迎球—击球，技术的关键在于击球。

5. 跳传球（视频12）

（1）技术分析

跳起在空中做传球动作称为跳传球。跳传球有原地跳传球、助跑跳传球、双足跳传球、单足跳传球，传球方向可分为正面、侧面和背

（视频12）

---

① 谭洁. 气排球运动教程［M］. 长沙：湖南师范大学出版社，2017：41.

面传球。

①准备姿势

采用稍蹲准备姿势，双手置放于脸前，眼睛注视来球，迅速取位。

②迎球

根据来球的弧度和高度落点，左脚先向起跳点迈出一步，右脚迅速并步跟上，双脚积极踏跳的同时双臂上抬，手腕后仰置于额头前上方成传球手形。

③击球

传球时，可以利用空间差调整传球时间，使传出的球与扣球队员腾起后的运行轨迹在空间上实现最佳的重合效果。（见图2-10）。

（2）动作要领

踏跳及时，垂直起跳，接近腾空的最高点时传球。

图2-10　跳传球

（二）教学步骤

1. 正面双手传球

面对目标的双手传球称正面双手传球。

（1）准备姿势：稍蹲，上体稍挺起，抬头注视来球，两脚前后左右自然开立，约与肩同宽，后脚脚跟提起，重心落在两脚之间。两手屈肘自然下垂，两手掌成半球状置于胸前，全身放松。

（2）迎球动作：当来球接近额前时，开始蹬地、伸膝、伸臂，手指微张，经脸前向前上方迎出。全身各部位动作应协调一致。

（3）击球点：在额前上方约一球距离处。

（4）手型与触球部位：手触球时，十指应自然张开，使两手成半球状；手腕稍后仰，两拇指相对近"一"字形，十指与球吻合，触球体的后下部。以拇指内侧，食指全部，中指的二、三指节触球的后下部，承担球的下落冲力，无名指和小指在球两侧辅助控制球的方向。①（见图 2 - 11）

（5）用力方法：在迎球动作的基础上，当手和球即将接触时，手腕和手指要有前屈迎球的动作；当手和球接触时，手腕应稍有后仰，以缓冲来球的力量。一般情况下，短距离的传球是靠手指、手腕的弹力将球传出。而长距离的传球，则要全身用力，由下而上，两脚蹬地，膝关节近于伸直，髋关节稍屈，含胸直立，最后用手指、手腕的弹力将球传出。手离球后，两臂要伸直，伴送球出手，整个动作协调自然。②

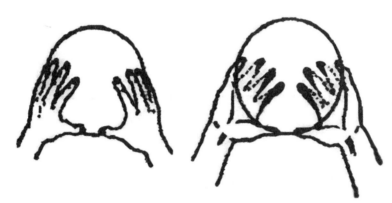

图 2 - 11　传球手型

2. 背向传球

背向目标的传球称背向传球。背向传球是传球技术中的一种基本方法，其技术动作要领是，在迎球动作的基础上，当手和球即将接触时，手腕和手指要有前屈迎球的动作；当手和球接触时，手腕应稍有后仰，以缓冲来球的力量。一般情况下，短距离的传球是靠手指、手腕的弹力将球传出。而长距离的传球，则要全身用力，由下而上，两脚用力蹬地，膝关节近于伸直，髋关节稍屈，含胸直立。

（1）准备姿势：上体比正面传球时稍后仰，双手自然抬起置于脸前。

① 谭洁.气排球运动教程［M］.长沙：湖南师范大学出版社，2017：39.
② 谭洁.气排球运动教程［M］.长沙：湖南师范大学出版社，2017：39 - 40.

（2）迎球动作：迅速移动，插入传球点下面，抬头挺胸，上体后展，双手上举。

（3）击球点：在额头前上方，比正面传球略偏后。

（4）手型：与正面传球相似，但触球时手腕要稍后仰，掌心向上，两拇指呈"一"字形托在球的下部。

（5）用力方法：利用蹬腿、展体、抬臂、伸肘和手指、手腕的弹力，把球向后上方传出。

3. 传抱球

当来球弧线较高、较远而身体处于不利位置时，二传来不及采用正面击球动作而采用的侧面击球组织进攻的方式。其动作特点：一手掌心朝上，五指朝前，另一只手掌心朝前，五指朝侧，两手在球的后下方形成一个与球相吻合的弧形。

（1）准备姿势与迎球动作：基本与正面上手传球技术相同。

（2）击球方法：在接触来球的瞬间，左手全手掌托在球的底部，并向前上方送出，同时右手翻顶球的中后部，左右手协调作用于球，利用托、翻、顶的合力将球传出。

（三）练习方法

（1）徒手模仿传球练习。

（2）一人一球以击球手型持球贴于墙壁，反复体会压腕和拨指动作，压腕时力度和幅度由小到大，体会手腕后仰，大拇指、食指、中指一、二关节的发力。

（3）两人一组，一人拿球高举，一人两手接触球，做传球的模仿练习。

（4）多人拿球高举站成一排，练习者并步或交叉步移动后两手接触球，做传球练习。

（5）连续抛起接球，固定传球手形。

（6）对墙传球练习，球离墙立即用手指快速弹拨球。

（7）对墙传球：距离 1 ~ 3 米，利用墙的反弹连续自传。

（8）对墙自传：一人先头上自传一次，再对墙连续传出。

（9）原地自传练习。左右手依次单手做抱球、抛球动作。不同的高度采取不同的传球技术方式。

（10）按照球从高到低或者从低到高的次序，注意对球的位置和方向的控制。

（11）二人搭档练习各种弧度的球。两个人可以先后训练往前、中远距离传球，球可高可低。同时两人可在限制线内进行传、抱传练习。

（12）多球练习。为了形成运动员技术动力定型，教师连续向四个位置上抛球，运动员要保持高速连续移动到这四个位置上进行调整传球练习，主要包括顺网、斜网、背传等。

（13）网前反方向传球。在对方可以不断调整移动方向的前提下，对方一人顺网任意方向慢速移动，自传者需要反向边传边跟着移动。

（14）提高传球时环视能力的训练。4 人制赛制 2 号位位置运动员，5 人制赛制 3 号位位置运动员，教师手势往指示的方向传给对应的 4 人制 3 号位位置与 5 人制 4 号位位置，传球落点始终距网 1～1.3 m 的距离，假如教师没有手势信号则传高球至限制线外（2 m 线）。

（四）常见错误及纠正方法

错误 1　接触球时手指位置不正确

大拇指朝前，大多数气排球初学者在学习传球技术时双手大拇指很容易前戳，双手在传球接触球的一瞬间时，首先接触球的会是大拇指指尖，迫使大拇指指尖戳向球，被动的改变了原本传球的方向。这是在传球时，传球者大拇指的拇长屈肌（大鱼肌）过于收缩用力导致；不让大拇指接触球，而是让其他四指去传球，这样的传球很难控制球的方向，传球会容易突然偏左或者偏右，而且传球高度也很难达到要求。

错误 2　手指过于紧张、虎口太大

在练习传球时，害怕手指被戳伤，在手接球时，手指甚至整个手掌都非常紧张（单、双手传球虎口太大），表现形式：五指僵硬，手指和手掌绷得很紧很平，拇长屈肌（大鱼肌），母短伸肌过于用力导致虎口撑大。这样会导致传球者在传球时，直接使用虎口接触球，传球手接触球的位置变成了食指外侧，虎口，拇指内侧；传球出手后造成传不到位，球传达不到要求高度。

以上错误纠正方法：

纠正大拇指位置，可要求传球者完全放松拇长屈肌（大鱼肌），拇长伸肌紧张，拇短伸肌适当紧张，虎口放松自然展开，拇指位于食指平行位置或稍后于食指位置，其余手指也自然放松形成半球形去接触来球。

错误 3　传球发力过早

传球时击球过早是初学者经常出现的问题，特别是在传很高的球时就特别容易出现传不起球的现象，这是由于当来球很高时，传球人下意识提高击球点以试图去控制球，但球还没有落到正常的击球点位置，手就提前上举接触球，会导致手臂前伸的幅度和力度不足，最终只能被动地用手腕手指去弹拨球，直接造成传球不稳和传球不起的现象。

传球发力错误纠正方法：

来球时肘关节适度弯曲做好迎球准备，等球落入手中，球触及手指后再发力去传球，不要过早的"推肘"发力或伸手接触球。

三、垫球技术

（一）技术要领

1. 正面双手垫球（视频13）

（1）技术分析

①准备姿势

准备姿势根据来球具体情况而变化，击一般球时，应采用半蹲或稍蹲准备姿势。

（视频13）

②击球点

运用正面双手垫球技术时，击球点应尽量控制在腹前，以便于调整击球角度、力度和幅度。

③垫球手型

在气排球运动中，常用的正面双手垫球手型为叠指式。但也可根据个人具体情况，采用抱拳式、互靠式等垫球手型。（见图2-12）

（2）动作要领

两脚开立前后站，屈膝屈髋向前看，提肩顶肘压手腕。

图2-12　正面双手垫球

2. 体侧垫球（视频 14）

在身体侧面运用双手垫球的动作方法称为体侧垫球。当来球飞向体侧，队员来不及正面击球时，可采用体侧垫球。其特点是伸臂动作快，控制范围大，但不易控制出球方向，准确性低且容易失误。

（视频 14）

（1）动作方法

右侧垫球时，先以左脚前脚掌内侧蹬地，右脚向右跨出一步，重心移至右脚，保持两膝弯曲。同时，两臂向右侧伸出，右臂高于左臂，左肩微向下倾斜。击球时，用向左转体和收腹的动作，配合提肩抬臂，在身体右侧稍前的位置截住来球，用两前臂垫击球的后下部。左侧垫球时，以相反方向的动作击球。（见图 2 - 13）

图 2 - 13　体侧垫球

（2）技术分析

体侧垫球的击球点应在体侧前方，双臂要抢先在体侧稍前的位置截击来球，不能当球飞到体侧时再摆臂去击球，这样容易造成球触手后向侧方飞出。垫球时，要注意调整和控制好两臂组成的垫击面，将球准确地垫向目标。[①]

（3）动作要领

向侧跨步侧前伸臂，向内转体提肩击球。

3. 背垫球（视频 15）

背对垫球目标，从体前向背后双手垫球的动作方法称为背向垫球。一般在接应同伴起球后，球飞得较远而又无法正面垫球，以及须将球处理过网时运用较多。其特点是垫击点较高，准确性稍差。

（视频 15）

---

① 黄汉升. 球类运动——排球（第三版）[M]. 北京：高等教育出版社，2015：65.

（1）动作方法

背向垫球时，要判断好来球的方向，快速移动到球的落点处，背对垫出球的方向，两臂夹紧伸直。击球时，用蹬地、抬头、挺胸、展腹和上体后仰的动作带动两臂向后上方摆动抬送，以前臂触球的前下方，将球向后上方击出。背垫的击球点一般应在肩前上方。（见图 2 - 14）

图 2 - 14　背垫球

（2）技术分析

①背向垫球时，应根据垫球目标的远近和高低变化调整击球点的高度。如要垫出高远球时，可适当降低击球点；要垫出平弧度球时，应升高击球点。在无法调整击球点高度时，可利用腰部和手臂的动作来控制出球的高度和距离。若遇低远的来球，需要向后上方高远处垫击时，可采用屈肘屈腕的动作，以腕部虎口处将球向后上方垫起。

②由于背垫球时背对垫球的目标，不利于观察场上的情况和垫出球的方向落点，因此要特别强调垫球时的方位感觉，判断好球、网、目标三者之间的位置关系，才能提高准确性。①

① 黄汉升.球类运动——排球（第三版）[M].北京：高等教育出版社，2015：66.

（3）动作要领

蹬挺抬仰两臂摆，背对目标肩上击。

4. 跨步垫球（视频16）

（视频16）

向前或向侧跨一步垫球的动作叫跨步垫球。跨步垫球一般在来球离身体前方或斜前方较远且较低，队员来不及移动对正球时采用，在接发球和防守中运用较多，它又是各种低姿垫球动作的基础。

跨步垫球时，在判断来球落点后，同侧脚迅速向来球方向跨出一大步，上体顺势前倾下压，身体重心落在跨出脚上，同时两臂前伸插入球下，用蹬地、提肩抬臂动作击球的后下部。（见图2-15）

图2-15　跨步垫球

5. 捧球（视频17）

（视频17）

捧球是指队员用双手在腹前将离身体较远的来球或追身球用双手将球捧起的技术动作。其明显的动作特征是：双手掌心朝上，十指微张，形成一个弧形。捧球主要是处理速度较快的追身球、大力球和低远球。

（1）动作方法

①准备姿势：面对来球，两脚开立，与肩同宽；根据来球的速度和力量，呈半蹲或全蹲姿势站立；两肘弯曲，上臂与前臂夹角为90°左右，分别位于腰部两侧。

②迎球动作：来球时，双手掌心向上，十指微张，朝前呈弧形；手指、手腕与

前臂基本形成一个平面。

③击球动作：双手形成一个弧形，以全手掌触击球的下部。双手捧球击球时，上臂夹紧身体，手指、手腕与前臂在一个水平面上，靠抖腕、手指弹力和前臂上托的瞬间发力动作将球击出，其动作幅度较小。①（见图 2 - 16）

（2）技术分析

①准备姿势应采用半蹲或深蹲准备姿势，要求在不影响快速起动的前提下，重心适当降低，这样有利于快速插入球下。

②击球瞬间，两掌心插到球后下部捧住来球，上臂要夹紧身体，手指、手腕与前臂要保持一定的紧张度，靠前臂、手腕、手指力量击出来球，击出点一般在身体腹部前下方。

图 2 - 16 捧球

（3）动作要领

两臂前伸插球下，双手掌心面朝上，腕指前臂适度紧，腕抖指弹瞬间力，抬臂缓冲往上送。

---

① 谭洁. 气排球运动教程 [M]. 长沙：湖南师范大学出版社，2017：33.

6. 捞球（捞垫球）（视频18）

捞球主要是在处理远距离来球，来不及运用双手插托球、抱球、捧球和正面双手垫球时采用。基本手型：掌心朝上，五指张开且朝前，向前、左（右）伸出，用单手的全手掌触及球并捞起球。

（视频18）

（1）动作方法

眼睛注视来球，一只手向前或向左（右）伸出，插入接近地面的球的下方，用手腕、手指的抖动，前臂上抬的力量将球托起。（见图2-17）

图2-17 捞球

（2）技术分析

击球瞬间，手快速插入球下部，手指、手腕与前臂要保持一定的紧张度，手臂、手腕的动作用力大小和动作幅度都应根据来球力量的大小和目标点的位置来调整。

（3）动作要领

掌心朝上勺形伸，腕指前臂适度紧，协调用力击球出。

7. 插托球（托垫球）（视频19）

双手插托击球是指面对来球，在胸腹前的左（右）侧或中部托送的一种击球动作。它的明显特征：一手掌心朝上，五指朝前，另一只手掌心朝前，五指朝侧，两手在球的后下方形成一个与球相吻合的弧形。用于接发球和接各种攻击过网的球，它是气排球中特有的一项技术动作。[①]

（视频19）

（1）动作方法

①左托球：球从左边来，右脚内侧蹬地；左脚向左跨出一步，重心移至左脚上，

---

① 谭洁. 气排球运动教程［M］. 长沙：湖南师范大学出版社，2017：31.

左膝弯曲。上身稍向左倾斜，左肩略低于右肩；左手五指张开，掌心向上，迅速将手插到球的下部，手掌呈勺形，手指指根触球的下部承受球的重量，同时右手五指张开，在来球的后上方顶压着球体并掌握球的方向，也称为护球。

②中托球：球从中部来，即为追胸球，左或右手在上，另一只手在下，两肘关节适当内收，两手呈勺形，以确保将球托送到位。

③右托球：与左托球动作相同，手和脚的动作方向相反。

击球动作：在正确迎球手型基础上，击球时，下方的手准确插入球的下部，上方的手托住来球，进行缓冲。发力时，托球下方手给球体以抬臂动作，护在球后上方的手顶护住球的重力与方向，再配合腿部的蹬地发力，利用上下产生的合力将球传出。（见图2-18）

图2-18 插托球

（2）技术分析

①准备姿势的运用要根据不同情况而产生变化。接一般的轻球或处理过来的球，身体重心可稍高，采用稍蹲准备姿势。接重发球、重扣球和吊球时，应采用半蹲或深蹲准备姿势，重心适当降低，便于接好球。

②插托球的击球点位置应使托球手保持大小臂自然弯曲于体侧为宜，尽量保持在腰腹高度，控制好球与身体的适当距离，充分保证手臂运动的幅度和角度，将球送向预定目标。[①]

总的来说，插托球技术应根据来球的力量、速度、高度和落点等来选择准备姿势和击球点。一般要求在不影响起动速度的基础上，适当降低重心，快速伸臂插入

---

① 谭洁. 气排球运动教程 [M]. 长沙：湖南师范大学出版社，2017：42.

球下接起球。

（二）教学方法

1. 初步掌握垫球动作

（1）徒手模仿

练习目的：建立正确完整动作概念，初步掌握动作方法。

组织形式：体操队形，按照动作方法要领，让学生原地做徒手模仿练习。教师领做，然后巡视学生练习。一定次数后，可分组练习，相互观摩，然后教师讲评。看教师手势，移动后做徒手垫球动作。

练习要求：先让学生慢节奏模仿教师动作，然后教师统一口令练习，逐步加快节奏，让学生熟悉动作。但一个动作结束后，必须还原后再做下一个动作。对学生的要求，两脚取位合理，全身协调放松，每一个动作环节到位；移动后自动站稳再做垫球动作。

（2）被动垫固定球

练习目的：体会球触击手臂的击球部位的感觉。

组织形式：体操队形，两人一组，一人原地做垫球准备姿势，一人双手持球下落，触击练习者手臂，使其被动垫球。若干次后两人交换练习。

练习要求：教师要示范持球及下落球的方法。对学生的要求，持球人要准确将球触击练习者的前臂垫球部位，并观察和纠正垫球者的动作。垫球者保持正确的垫球身体姿势。

（3）主动垫固定球

练习目的：巩固正确垫球动作，体会击球点，学习找准手臂触球部位。

组织形式：体操队形，两人一组。一人双手持球置于练习者腹前，另一人上步做垫球动作击球。若干次后两人交换练习。

练习要求：教师分别示范持球位置和上步垫球、下撤回位的方法。强调练习者上步垫球后，退回原位再做下一个动作。教师随时提醒并纠正学生垫球的身体姿势。要求学生适当降低重心，手臂插入球下侧，用正确的垫球动作完成每一次练习；持球者适当给些下压力，让垫球人更好地体会手臂触球部位；两人相互纠正动作。

（4）垫变换位置的固定球

练习目的：巩固垫球身体姿势和动作，找准手臂触球部位，体会将球垫起的感觉。

组织形式：体操队形，两人一组。一人双手持球于身体左侧或右侧，另一人根据球的位置移动后做垫击球动作，回原位后再进行下一次练习。持球人随垫球动作让球。若干次后两人交换练习。

练习要求：教师分别示范持球、随垫球动作让球的方法（手置于球体两侧，留出击球部位），以及上步垫球方法。要求垫球学生用中小力量协调发力，认真找准手臂的触球部位。做完动作后下撤回位；持球学生认真到位，配合练习。①

（5）一抛一垫

练习目的：对来球的判断，主动迎球，完成垫球的整体动作。

组织形式：两人一组，一人抛球，一人垫球。先距离 3 米左右进行练习，体会迎球，找准垫球的手臂触球部位和击球点。然后加长距离到 5 米左右，体会全身协调发力。每个距离练习若干次后，两人交换。

练习要求：教师先示范抛球方法，明确抛球的要求，并对垫球的高度和弧度进行示范。要求学生抛球尽量准确到位；垫球人要积极找球，尽量用正确的垫球动作击球，且使垫球高度、弧度适当。

（6）一人抛球，一人向前移动垫球

练习目的：提高对来球的判断能力，用恰当地移动，保持较好的人球距离。

组织形式：两人一组，多组学生同时从一边边线开始练习，一人边后退边抛球，一人边向前移动边找球垫球，两人相距 4 米左右。到另一边线后，用同样方法返回。一个来回后，两人交换练习；学生多时，一个来回后，换另几组学生练习，然后再交换角色练习。

练习要求：教师示范抛球方法和移动垫球方法。垫球人与抛球人始终保持适当距离。每半场 4 组学生练习。要求抛球者认真抛球，协助练习；垫球者保持前移，步法恰当，找准球，垫球高度适宜。

2. 巩固与熟练垫球技术的练习

（1）原地连续自垫

练习目的：找准手臂的触球部位；体会手臂抬臂动作和垫球时的下肢动作；提高控制球的能力及体会人球距离的调整。

组织形式：1 人 1 球，或 2~3 人 1 球，轮流练习。原地向上连续垫球，高度可规定为 1 米、2 米、3 米，或一高一低垫球。为了增加练习的兴趣，可定时练习，比谁的球落地次数少；或定次数练习，比谁的球中断次数少；或 1 次机会，比谁连续垫球的次数最多等。

练习要求：保证足够的练习空间，人多时可分成若干组进行练习。根据学生的学习情况，增加定时、定量的比赛，以掌握正确动作为主，然后是熟练程度。教师随时纠正抬臂过大、发力不协调等动作。要求学生保持击球部位正确，主动抬臂用

① 孙平. 现代排球技战术教学法［M］. 北京：北京体育大学出版社，2008：22.

力，手臂的水平面，注意下肢的屈伸动作，将球垂直垫起，且尽量控制球在身体 1 ~ 2 步的范围内。①

（2）对墙连续垫球

练习目的：学习变换手臂不同的垫球角度，体会不同发力对球反弹的影响，逐步提高控球能力。

组织形式：1 人 1 球，或 2 ~ 3 人 1 球，轮流练习。距墙 2 米左右，连续对墙垫球。30 ~ 50 次为一组，由不限定高度到逐步固定垫球高度。

练习要求：在示范练习方法时，教师重点示范手臂角度和下肢的动作。练习过程中反复强调手臂角度应尽量固定，靠蹬腿发力将球垫出。要求学生放松全身，用力适当，注意体会发力大小与球反弹的变化，尽可能控制好用力。

（3）对墙垫落地反弹球

练习目的：提高判断和找球、取位能力；体会来球、击球目标与手臂角度的关系，学习调整手臂与身体的角度；逐步提高控球能力。

组织形式：一人一球，对墙垫球，每次球落地反弹后再垫击，连续进行。30 次一组，学生轮流练习。

练习要求：在示范练习方法时，强调垫落地反弹球时要等球下落到腹前时才击球，要减小手臂与身体的夹角，强调蹬腿、跟腰送球的动作，这样才能将球垫到墙上并以一定的速度反弹回来；要求学生提前判断球的落点并及时移动取位，将球垫到墙上接近球网高度的位置。

（4）一传一垫

练习目的：学习垫不同弧度的来球；提高垫球到位的意识和控球的能力；进一步明确垫球的目的是便于传球。

组织形式：两人相距 4 ~ 5 米，1 人传球，1 人垫球。并尽可能连续进行。若干次数后两人交换练习。

练习要求：示范练习方法时，教师重点强调对高弧度的来球如何等球落到腹前再垫击，传球弧度落点合适。随时提醒控制力量，保持适当练习间距；要求学生的垫球尽量到位，且高度合适，以便于传球。②

四、扣球技术

（一）技术要领

队员在进攻线后跳起，在空中用一只手或手臂在本方场区上空将高于球网上方

---

① 黄汉升. 球类运动——排球（第三版）［M］. 北京：高等教育出版社，2015：192.
② 黄汉升. 球类运动——排球（第三版）［M］. 北京：高等教育出版社，2015：43.

的球击入对方场区的一种击球方法叫扣球。扣球是气排球技术中攻击性最强的一项技术。一个球队的攻击力强弱，往往取决于该队的扣球水平。一场比赛中扣球得分一般占总得分的60% ~ 70%，是取胜的关键，也是一个队争取主动、摆脱被动、鼓舞士气、抑制对方的最积极有效的技能。扣球的攻击性主要在于它速度快、力量大、变化多，可以扣出各种不同时间、不同角度、不同落点的球，使对方难以拦网、防守和组织反击，从而使本方能顺利夺得发球权和得分。

气排球扣球技术随着气排球运动的发展而不断创新和提高。气排球扣球的发展特点主要体现在以下几个方面：①打破队员位置分工的限制，每个队员既是防守队员同时也是进攻队员。②充分利用网长和纵深，更多运用变向、变步的助跑起跳方法，使扣球技术向着具有更好的高度、速度、力量方向发展。

1. 正面扣球（视频20）

在所有排球运动中，正面扣球是所有扣球技术中最常用的技术，同时也是其他扣球技术的基础。运用正面扣球技术时，因面对球网，视野开阔，便于观察对方防守情况，能及时发现防守"漏洞"，因此进攻效果良好。初学者应先学会正面扣球，再学习其他扣球技术。现以两步助跑、右手扣球为例进行技术分析。（见图2 - 19）

（视频20）

图 2 - 19   正面扣球

（1）助跑

助跑的目的，一是为了接近球，选择恰当的起跳点；二是利用助跑的水平速度配合起跳，增加弹跳高度。助跑的方向、速度和步数根据来球的方向、速度、弧度、落点来决定。助跑第一步要小，找准起动的方向，第二步要大，调整身体与球的距离，解决好人与球的位置关系。①

①助跑的步法：助跑的步法种类很多，在运用中要因球而异、因人而异，力求灵活，适应性强。但无论采用几步助跑，第一步要小，最后一步要大。现以两步助跑右手扣球为例分析如下。（见图 2 - 20）

第一步：以左脚向来球的落点方向自然迈出一步，其主要作用是确定助跑方向。这一步应小，但要对正起步的方向，因此也叫方向步。

第二步：步幅要大，步速要快，使支撑点落在身体重心之前，身体稍向后倾，重心自然后移和降低，从而有利于制动。同时，最后一步要以右脚的脚跟先着地，再过渡到全脚掌着地，这样有利于控制身体的前冲力，增加腿部肌肉的张力，提高弹跳高度。这一步起着调整身体与球的距离、决定起跳点的重要作用。

图 2 - 20　两步助跑起跳扣球步法

②助跑的时机：助跑起动过早或过晚，都会影响扣球的质量。二传球低或传球速度快时，起动要早一点，球高则晚一点；动作慢的队员起动早一点，动作快的队员则晚一点。

③助跑的路线：由于二传来球的落点不同，扣球队员助跑的方向和路线也不相

同。以 4 号位队员扣球为例，其助跑路线主要有三种（见图 2 - 21）：扣集中球（A）采用斜线助跑，扣一般球（B）采用直线助跑，扣拉开球（C）采用外绕助跑。

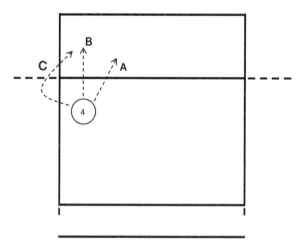

图 2 - 21 扣球助跑线路

（2）起跳

①起跳的步法：助跑的最后一步称为起跳步，它既是助跑的结束步法又是起跳的准备动作。起跳步有两种方式：一种是并步起跳，即一脚跨出一步后，另一只脚迅速向前并步，随即蹬地起跳。这种方式，两步之间距离短、衔接快、步幅小、步频快，容易调整起跳时间，适应性强，制动效果好，身体重心易保持稳定，但对起跳高度稍有影响；另一种是跨步起跳，即一脚跨出一大步的同时，另一只脚也跟着跨出去，有一个腾空的阶段，两脚依次落地后蹬地起跳。这种方式跟室内排球的跨步起跳动作一样，采用此种起跳步能更好地利用屈膝下蹲的力量来增加弹跳高度，但不利于加快助跑速度，易影响起跳节奏，不利于快攻起跳。

②起跳的位置：一般应选择在距离球约一臂远的位置起跳。这样才能保持好身体和球的合理位置关系，便于充分发挥全身的协调力量，保持较高的击球点。

③起跳的摆臂：起跳时的手臂摆动一般有两种方法。第一种，划弧摆臂。以肩关节为轴，两臂经体侧后再向前上方划弧摆动。这种摆臂可根据需要来变化划弧的大小，动作连贯协调，便于调整摆臂速度和节奏，适应性强，运用较普遍。第二种，前后摆臂。两臂由体前向后摆动，然后再由后向前上方摆动。这种摆臂振幅较大，摆动较有力，有利于提高弹跳高度，但因动作大，使空中的转体动作不便，对及时快速起跳有影响。[①]

（3）空中击球

①挥臂方法：当身体腾空后，左臂摆至身体前方，协调保持上体的空中稳定。击球手臂应屈肘置于头侧，肘高于肩，身体反成弓形。挥臂前合理的屈肘动作，可以缩短挥臂时以肩为轴的转动半径，减少转动惯量，提高挥臂的初速度。随之边摆臂边伸肘，加长转动半径，增加挥臂的线速度。在挥臂转动的角速度不变的情况下，上臂甩得越直，挥动半径越大，线速度也越快，扣球越有力。这种挥臂方法，既能扣高弧度球，也能扣低、平弧度球，适应范围较广。

②击球动作：击球时，要求击球手充分释放力量和速度。扣球时强调全身协调发力，击球力量是通过收腹转体及手臂的鞭打式动作，将之作用于手腕甩动和全手掌包球推压的速度。所以，击球时应注意三点：一是要打准。全手掌击球，用全手掌包住球与球相吻合，以保证手腕关节很好地参与整个鞭甩动作。二是在最高点击球，手臂向前上方挥击时应有提肩动作。在击球刹那，手臂要充分伸直。三是充分发挥前臂加速度。前臂应有明显的抽鞭似的动作，带动手腕的鞭甩动作，并在手掌触球后仍继续加速，以加大扣球的力量。

③击球点：扣球的击球点应在起跳最高点和手臂甩直的最高点的前上方。手臂与躯干的夹角约为164°。一般近网扣球的击球点略靠前，远网扣球的击球点应保持在头的上方，用全手掌击球的后中部，手腕有明显的推压动作，使球急速上旋飞入对方场区。

（4）动作要领

一小二大三制动，助跑节奏方向清；挥臂抬肘要过肩，收胸振臂腰腹力；带动臂腕鞭形甩，全掌包压高点击。

2. 近体快扣球（视频21）

扣球队员在二传队员体前或体侧约一臂距离处扣的快球叫近体快球。这种快球一般在一传到位而靠近网的情况下进行，动作方法与正面扣球大致相同，特点是二传距离短、速度快、节奏快，因而实扣效果和掩护作用好。助跑路线宜与球网夹角保持45°～60°。助跑起动

（视频21）

时间较早，跑速要快，一般是随一传球同时跑到网前，也可早于一传助跑。在二传队员传球出手时或出手前瞬间快速起跳。要浅蹲快跳，以便于加快起跳速度，跳起在空中等球。击球手臂后引动作要小，主要利用含胸、收腹的动作，带动前臂和手腕快速鞭打式挥动，用全掌击球的后上部。①（见图2－22）

———————————

①　黄汉升. 球类运动——排球（第三版）［M］. 北京：高等教育出版社，2015：93.

图 2 - 22　近体快扣球

3. 调整扣球（视频 22）

（视频 22）

扣球队员扣从后场区调整传到进攻线附近的球为调整扣球。调整扣球是各种扣球的综合运用，是强攻能力的集中体现。在比赛中，调整扣球的数量比较多，掌握好调整扣球的技术对提高得分、降低失分有重要的作用。由于后场区调整传球的方向、角度、弧度、速度和落点不同，扣球的动作有所区别。可用正面扣球、勾手扣球和单脚起跳扣球等保证攻击力。（见图 2 - 23）

图 2 - 23　调整扣球

调整扣球应注意的问题：扣球队员要及时调整好扣球的角度，熟练掌握各种助跑起跳方法（如多步、一步、原地踏跳、倒跨步、后撤步等），看准来球位置，合理运用助跑技术，调整好身体与球的距离，保证有利的进攻位置；在空中要灵活地转动身体、手和手腕，手法多变，控制扣球的力量、路线和落点；不断提高腰腹的爆发力、手臂的挥动速度和腕指控球的能力；准确掌握击球部位和推压动作。[①]

4. 冲跳扣球（视频 23）

冲跳扣球是气排球常用的主要扣球技术之一。冲跳扣球技术动作结构与正面扣球动作基本一致。在进攻线后起跳，充分利用向前冲跳缩短与网的距离。冲跳扣球步频快、距离长、速度快，无须制动和深

（视频 23）

蹲，助跑步数一般为两步和三步。起跳时的主要技术特点：起跳时双腿稍蹲，两只脚拉开一定的距离，两臂在体侧主动向前摆动；起跳后，抬头挺胸，上体前倾，手臂上举，后拉幅度小，主要利用甩前臂动作发力，以肘为轴，加强屈肘和甩腕动作。击球时，右臂向前上方，手臂伸直至最高点用全手掌击球后中部，同时用手腕推压动作使球加速上旋飞行。（见图 2 – 24）

图 2 – 24 冲跳扣球

（二）教学步骤

扣球的教学步骤通常分为两个部分进行，一是由教师在课堂上讲解扣球的技术、方法、动作要领以及其在比赛中的具体应用，并且在讲解之后由教师亲自做示范，以使学生们能够在脑海中形成一个完整、直观、形象的动作概念；二是示范之后，由教师组织学生们进行练习，通常情况下，扣球的练习顺序：挥臂击球练习→原地自抛自扣练习→助跑起跳练习→助跑起跳扣抛球练习→四号位完整扣传球练习。[②]

1. 准备姿势

准备姿势是扣球动作的起始姿势，采用稍蹲的准备姿势，两步助跑起跳应把右

---

① 谭洁. 气排球运动教程 [M]. 长沙：湖南师范大学出版社，2017：49.

② 李莹. 气排球 [M]. 北京：中国人民大学出版社，2018：24.

脚放前面，双脚不要站死，双膝自然弯曲，重心稍靠前，双臂自然下垂，双眼注视来球的方向。准备姿势易犯的错误主要有重心靠后，弯腰直膝等，要通过教师的详细讲解，让学生理解正确的动作。

2. 助跑起跳

在助跑起跳的教学中，要注意先让学生掌握脚步动作，再掌握摆臂动作，然后体会脚步动作和手臂动作的配合。在讲解动作时，要明确第一步是判断步，判断球的落点，第二步要迅速垂直向上跳，找准球的位置。在助跑起跳的示范时应以侧面示范为主，正面示范、背面示范为辅。

3. 挥臂击球

在挥臂击球的教学中，要注重讲解挥臂线路和击球手法。在挥臂击球示范时主要以侧面示范为主，正面示范为辅。正面示范主要是让学生更直观地观看教师的抛球位置。①

4. 空中击球

扣球技术当中的难点在于空中击球阶段，此阶段不仅需要助跑起跳和挥臂击球动作的配合，更重要的是在起跳时间和空间上有精准地把控。学生易犯的错误就是起跳时机不对，还有身体与球的位置关系把握不好，此时应通过多扣原地固定球和原地扣抛球的方式来进行纠正。

5. 落地

空中完成击球动作后，身体自然下落，尽量用双脚的前脚掌先着地，再过渡到全脚掌着地，同时顺势屈膝、收腹，以缓冲身体与地面的撞击力，保持落地时的身体平衡，以便落地后能及时衔接下一个动作。

例如正面扣球的教学步骤：

（1）准备姿势：扣球助跑前采用稍蹲姿势，两臂自然下垂，站在离网3米左右处，身体转向来球方向，眼观来球，做好向各个方向助跑与起跳的准备。

（2）助跑：助跑开始时，左脚先向前迈出一步，紧接着右脚再快速跨出一大步，左脚及时并上，踏在右脚之前，两脚尖稍向右转，两臂绕体侧向上引摆。

（3）起跳：在右脚助跑跨出最后一步（即第二步），左脚并上踏地制动的同时，两臂自后积极向前摆动，随着双腿蹬地向上起跳，两臂配合起跳有力地向上摆动，带动身体腾空而起。

（4）空中击球：起跳后挺胸展腹，上体稍向右转，右臂向后上方抬起，肘高于肩，身体成反弓形。挥臂时，迅速转体、收腹发力，依次带动肩、肘、腕各部位关节向前上方成鞭甩动作挥动。击球时五指微张，全手掌包满球，在手臂伸至最高点

① 谭洁. 气排球运动教程［M］. 长沙：湖南师范大学出版社，2017：92.

的前上方击球的后中部，同时主动用力甩腕、屈指向前推压球，使扣出的球上旋。

（5）落地：落地时以两脚前脚掌先着地，再迅速过渡到全脚掌着地，同时顺势屈膝、收腹，以缓冲下落的力量，做好下一个动作的准备。①

（三）练习方法

1. 助跑起跳

教学方法是在助跑有节奏的前提下，从基本的二步、三步助跑起跳学起，要点是速度上由慢到快，步幅上由小到大。

常采取的练习方法有：

（1）徒手脚步动作—原地摆臂动作—徒手脚步动作和摆臂动作配合—完整助跑起跳动作。

（2）在距篮板3～4米远处，进行二、三步助跑起跳，手摸篮板，要求垂直起跳，手臂伸直。

（3）利用二、三步助跑起跳，跳上约40～50厘米的高台。

（4）结合球网，进行直线助跑起跳和变向助跑起跳，要求不得触网，落地时两脚前脚掌先着地，注意缓冲。

2. 扣球手法

扣球手法的重点在于手掌包满球，推压使球产生上旋。教学时首先要使学生了解球产生的旋转不同，球飞行的弧线与落点也就不同。具体要求：手掌张开、击球体中心，把球包满、打正，在右肩的前上方伸直手臂，推压使球上旋离手而去。

常采取的练习方法：

（1）手掌张开，徒手击自己的另一只手，并作推压动作。

（2）击自己右肩前上方固定球，体会包满、打正推压动作，要求手臂伸直。

（3）自抛球于右肩前上方击球，看击出的球是否产生上旋，要求击球体中心。

3. 挥臂击球

挥臂击球的要点是：手臂舒展、放松、扣球手臂充分伸直，在伸至最高点击球。

常采取的练习方法：

（1）徒手做挥臂击球动作练习，体会挥臂"鞭甩"的感觉。

（2）原地徒手挥臂鞭打伸手刚刚可触及的东西，如树叶、固定球等，要特别强调动作的放松、舒展。

（3）投掷垒球、标枪等轻器械，尽量往远投，体会手臂充分伸直的"鞭甩"动作。

（4）结合扣球手法，自抛高球进行发大力球的练习，体会挥臂击球与扣球手法

---

① 黄汉升. 球类运动——排球（第三版）[M]. 北京：高等教育出版社，2015：63.

的衔接。

4. 扣球技术的完整练习

以上扣球技术的分解教学完毕后，就可以进入完整的扣球教学。

常采取的练习方法：

（1）结合网进行徒手的助跑起跳与挥臂扣球技术练习，主要体会助跑起跳与挥臂动作的衔接，要求确定好助跑点和起跳点。

（2）从助跑起跳开始，扣网上固定球练习，体会助跑起跳与挥臂击球扣球手法的衔接，要求确定好自己扣球的身体位置。

（3）扣抛球练习，抛球者尽量固定抛起球的高度和位置，扣球者找准助跑和起跳时机。

（4）扣二传传起的前排不同位置的高球，让学生加强对来球的分析与判断，选择合适的助跑位置、时间、起跳点和起跳时间，调整身体与球和网的距离。

（四）常见错误及纠正方法

1. 助跑的常见错误

（1）步法混乱、动作不协调。

（2）助跑起跳后马上前冲。

纠正方法

①练习助跑时采用一步、两步或者三步法，熟练掌握动作以后采用多步法练习，再结合上网练习。

②在地上画三条线，第二条线距离第一条线大约1米，第三条线距离第二条线大约1.5米，练习者站在第一条线上，右脚在前，进行完整的两步助跑练习。

③固定起跳点练习. 在地面上画一条线作为限制线，让学生在限制线后起跳，这样让学生自己去调整步法与节奏。

④网前站立一人或者画一条与中线平行的线，距离中线一臂距离，学生做助跑起跳的练习，落地后不能碰撞站立者或者越过限制线。

2. 助跑起跳的常见错误

（1）手臂配合不协调。

（2）起跳时机不恰当。

（3）起跳点选择不好。

纠正方法

①教师纠正时应当边讲解边示范，特别是手臂动作的配合。起跳时的手臂摆动一般有两种方法：一种是划弧摆臂。即以肩关节为轴，两臂经体侧向后再向前上方划弧摆动。另一种是配合脚步移动。即以肩关节为轴，手臂在身体两侧进行前后摆动且摆动幅度大。

②固定起跳点的无球起跳练习。

③击固定球。例如在篮球筐上悬挂一球，进行助跑、起跳与挥臂击球的练习。通过击固定球的方法，多次重复练习，可以改正起跳位置，处理好身体与球的距离。

④抛扣与传扣。抛扣对于初学者的错误纠正较有效，可以将球抛出在相对一样的位置或者高度，练习者可以重复感受起跳节奏与时机的把握、空中身体与球的距离。而传扣对二传的要求较高，也较难保持稳定在同一位置和高度，所以传扣球对于长期训练的球队或高水平运动员运用较多。

3. 空中击球的常见错误

（1）不是在最高点击球。

（2）击球时手臂直臂下压，没有甩腕。

（3）挥臂动作不协调，过于僵硬。

（4）腰腹力量用不上。

（5）击球点不佳。

纠正方法

①徒手做挥臂击球练习，体会挥臂"鞭甩"的感觉。

②两人配合，原地击固定球。一人执球于对方伸臂可以触及的适宜高度，双手握紧，另一人原地挺胸展腹，手臂伸直，体会鞭甩动作。

③网前无球动作练习。通过助跑、起跳，空中体会拉背"弓"，挺胸展腹，然后迅速收腹，挥臂"鞭甩"动作的衔接。

④面对球网原地自抛自扣。面对球网2～4米处站立，进行自抛自扣练习，要求手臂伸直，要特别强调动作的放松、舒展。

⑤对墙连续扣反弹球。可以很好地改善手臂伸不直，挥臂甩腕用不上力，空中协调能力差等错误动作，特别是对改变手型、手腕的动作有很好的作用。

五、发球技术

（一）技术要领

1. 正面下手发球（视频24）

正面下手发球是指发球队员面对球网，手臂由后下方向前摆动，在体前腹部高度击球过网的一种发球方法。其特点是动作简单，容易掌握，准确性大，但球速慢，攻击性不强，适合于初学者及中老年。[1]

（视频24）

———————————

① 谭洁. 气排球运动教程 ［M］. 长沙：湖南师范大学出版社，2017：23.

（1）动作方法

准备姿势：面对球网，两脚前后开立，左脚在前，两膝弯曲，上体前倾，左手持球于腹前。

抛球：左手将球轻轻抛在身体右侧前方，球离手约 30 厘米高度，同时右臂伸直，以肩为轴向后摆。

击球：右脚蹬地，身体重心随着右臂由后向前摆动而前移，在腹前以掌根或虎口击球后下部。击球后，重心随击球动作前移，迅速进场比赛。（见图 2 – 25）

图 2 – 25　正面下手发球

（2）动作要领

左手抛球低出手，右臂摆动肩为轴，击球刹那肘不屈，掌根部位击准球。

（3）常见错误及纠正方法

①抛球问题

错误姿势：抛球时手臂与身体夹角过大或过小。

纠正方法：反复持球练习平托抛球动作，固定抛球位置、高度。

②击球部位问题

错误姿势：不能用相应手型击准球，击球点忽高忽低、或前或后。

纠正方法：击固定目标或击固定球练习。

2. 侧面下手发球（视频 25）

侧面下手发球，借助了转体力量来击球，便于用力，适合初学者、少年儿童及中老年。发球失误少，但攻击性不强。

（1）动作方法

准备姿势：左肩对网（右手发球为例），两脚左右开立，约与肩同宽，两膝微屈，上体稍前倾，重心落在两脚之间。

抛球：左手将球平稳抛送至胸前，距身体约一臂距离，离手高 30~40 厘米，在抛球同时，右臂摆至右侧后下方。

击球：右脚蹬地，身体利用蹬地的力量左转，同时带动右臂向前上方摆动，在腹前用手掌跟或虎口击球的后下方，身体重心随挥臂击球而随之移向左腿。[1]（见图 2-26）

图 2-26 侧面下手发球

（2）动作要领

抛球刚离手，摆动肩为轴；直臂将球击出，随球入场。

（3）常见的错误和纠正方法

①抛球问题

错误姿势：抛球时手臂与身体夹角过大或过小。

---

[1] 黎禾. 排球训练教程 [M]. 北京：高等教育出版社，2008：25.

纠正方法：反复持球练习平托抛球动作，固定抛球位置、高度。

②击球部位问题

错误姿势：不能用相应手型击准球，击球点忽高忽低．或前或后。

纠正方法：击固定目标或击固定球练习。

3. 正面上手发大力球（视频 26）

（视频 26）

正面上手发球是指发球队员面对球网站立，利用收腹转体动作带动手臂加速向前鞭打，在右肩上方用全手掌击球过网的发球方法。这种发球击球点高，可以充分利用胸腹和上肢的爆发力，加之运用手掌的推压动作使球呈上旋飞行，不易出界，因此它具有较大的攻击性和准确性。

（1）动作方法

准备姿势：队员面对球网，两脚自然开立，左脚在前，左手托球于身前，身体稍向右转。

抛球：单手或双手将球抛起，可利用手指将球加以旋转抛于右肩的前上方，高度适中。同时，右臂抬起，屈肘后引，肘与肩平，上体稍向右侧转动，抬头，挺胸，展腹，身体重心移向左脚。

挥臂击球：利用蹬地，使上体向左转动，同时收腹，带动手臂挥动。在右肩上方伸直手臂，用全手掌击球的中下部。击球时，前臂、手腕迅速主动甩击，使击出的球呈上旋。（见图 2 - 27）

图 2 - 27　正面上手发大力球

（2）动作要领

抛球于右肩前上方，高度离手约 1 米；转体收腹带挥臂，弧形鞭打加力量；全掌击球中下部，手腕推压向前旋。

（3）常见的错误和纠正方法

①抛球问题

错误姿势：抛球时手臂未伸直；手臂上抬送球时屈肘屈腕，造成抛球不稳。

纠正方法：在篮筐下练习平稳向上抛球；反复做平托上送抛球动作。

②击球点问题

错误姿势：未用全手掌包住球而用掌根推球；击球太迟；击球点太低。

纠正方法：击固定球，体会正确击球点；近距离自抛后在正确的击球点击球。

4. 跳发大力球（视频 27）

跳发大力球是指发球队员在跳发线后，利用助跑起跳，像扣球一样将球击入对方场区的发球方法。借助于助跑起跳动作，不仅可以提高击球点，而且可以缩短球飞行的距离，从而增强发球的力量、速度和攻击性。与其他发球技术相比，跳发大力球的技术难度和体力消耗较大。跳发大力球的脚步动作与扣球相似，可

（视频 27）

运用一步、两步或多步助跑的方法，可正对网助跑或斜对网助跑，但跳起后空中击球的手臂动作还是与正面上手发球的挥臂动作类似。

（1）动作方法

准备姿势：队员面对球网，站在端线后 3 ~ 4 米处，以单手或双手持球于体侧或腹前准备。

抛球：用单手或双手将球抛至右肩前上方，抛球高度一般比肩高 2 米左右，落点在端线前后。抛球时应有身体和手臂的伴送动作。

助跑起跳：随着抛球动作的开始，队员立即向前做 2 ~ 3 步助跑起跳。起跳时，两臂要协调摆动，摆幅要大。

挥臂击球：挥臂动作类似于正面上手发球技术动作。击球时用收腹和转体动作带动手臂挥动。击球点保持在右肩前上方，手臂甩直，用全手掌击球后中下部，手腕要有推压动作，使球呈上旋飞行。

落地：击球后，双脚落地，两膝顺势弯曲缓冲，迅速入场。（见图 2 - 28）

图 2 - 28 跳发大力球

（2）动作要领

抛球前上助跑跟，两臂摆动两脚蹬；腰腹带动手臂甩，满掌击球落地稳。①

（3）常见的错误和纠正方法

①抛球问题

错误姿势：抛球不稳或抛球位置、高度不适宜。

纠正方法：明确概念，掌握抛球的方法；反复持球练习抛球动作，固定抛球位置、高度。

②挥臂问题

错误姿势：跳发球同发飘球的挥臂轨迹混淆，挥臂方向不正确等。

纠正方法：多提动作要领、明确动作细节认知；反复做挥臂的徒手练习。

③击球不准问题

错误姿势：击球部位不准，击球点忽高忽低、或前或后。

纠正方法：击固定目标练习或击固定球练习。

5. 勾手大力发球（视频 28）

勾手大力发球是指采用勾手发球的形式，充分运用全身的爆发力，发出力量大、速度快、弧度低、旋转强的球。

---

① 黄汉升．球类运动——排球（第三版）［M］．北京：高等教育出版社，2015：59．

（1）动作方法

准备姿势：身体侧对球网，两脚自然开立，左手持球于胸前。

抛球：左手将球抛在左肩前上方约一臂高度。抛球的同时，两腿弯曲，上体顺势向右倾斜，并稍向右转，右臂随着向右侧后方摆动，身体重心移向击球臂同侧的支撑脚上。

（视频28）

挥臂击球：击球时，利用右脚蹬地、转体动作发力，带动右臂做直臂弧形挥动，同时身体重心由右脚移至左脚。手臂在伸直的最高点，在右肩的前上方以全手掌击球的中下部。击球时手指自然张开，手指手腕主动做推压动作使球产生强烈上旋。（见图2-29）

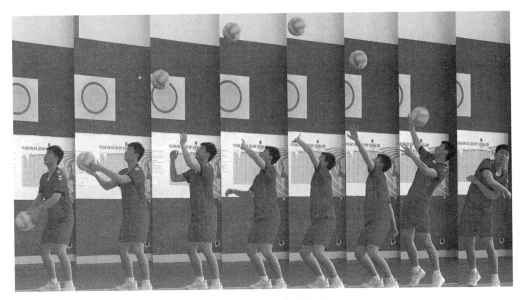

图2-29　勾手大力发球

（2）动作要领

抛球平稳，高度1米为宜。蹬腿转体时带动手臂幅度要大，弧形轮臂的速度要快，高点击球手腕推压。

6. 正面上手发飘球（视频29）

正面上手发飘球是指采用近似正面上手发球的形式，击球力量通过球体重心，使发出的球不旋转并产生不规则飘晃飞行的一种发球方法。

（视频29）

（1）动作方法

准备姿势：面对球网站立，两脚前后自然分开，左手持球于胸前，注视对方。

抛球：单手或双手托送球，将球平稳地抛在额前上方约一臂的高度。抛球的同时击球臂屈臂由体前向右肩后上方引臂，肘略高于肩或与肩平完成击球准备。

挥臂击球：击球时，右脚蹬地，上体向左转动发力，带动手臂挥动，挥动时手臂伸直，用掌根击球的中下部，不屈腕。击球前小臂要突然加速发力并保持直线运动。击球的瞬间，五指并拢，手腕后仰并保持紧张。击到球时手臂挥击突停，作用力通过球体重心。（见图 2 - 30）

图 2 - 30　正面上手发飘球

（2）动作要领

抛球稍低略靠前，挥臂轨迹呈直线；掌根击球穿重心，击后突停不屈腕。

（3）常见的错误和纠正方法

①抛球问题

错误姿势：抛球不稳，高度不当。

纠正方法：在篮筐下练习平稳向上抛球。

②击球点问题

错误姿势：挥臂太慢，不呈直线；抛击配合不协调；球转而不飘。

纠正方法：徒手快速挥臂，合适高度击固定球促使直线挥臂；听口令按节奏练习抛击配合动作；用手掌反复挥臂击固定球，让力的释放通过球的重心。

六、拦网技术

（一）技术要领

拦网技术可分为单人拦网技术和集体拦网技术。

1. 单人拦网 （视频30）

单人拦网技术动作包括准备姿势、移动、起跳、空中动作和落地 5 个相互衔接的环节。（见图 2 – 31）

（视频30）

（1）准备姿势

面对球网，密切注视着对方动向，两脚平行开立，约同肩宽，距网 20 ~ 30 厘米，两膝稍屈，两手自然弯曲置于胸前，随时准备起跳和迅速向两侧移动。高大队员则双手上举，准备移动和起跳。

图 2 – 31 单人拦网

（2）移动

拦网时按移动距离通常选用并步、滑步、交叉步法移动。移动距离在 0.5 米以内通常采用并步移动，拦移动距离 0.5 ~ 1 米的高球时，可采用滑步移动步法，拦距离 1 米以外的扣球时一般采用交叉步移动步法。

（3）起跳

①移动后的起跳，起跳前要先制动，使身体正对球网后起跳，或在起跳过程中在空中使身体转向球网。

②如果是原地起跳则从拦网准备姿势开始，两脚用力蹬地，两臂在体侧划小弧用力上摆，带动身体向上垂直起跳。

③身材高大的队员由于不用太借助摆臂力量带动身体上跳，因而在准备姿势时就双手上举，起跳时主要用下肢力量，这样便于上手迅速伸出球网拦击扣球。

（4）空中动作

起跳后稍收腹，控制平衡。同时，两手从额前贴近并平行于球网向网上沿的前上方伸出，两臂伸直，两肩尽量上提，两手自然张开，屈指屈腕呈半球形，当手接触球时，两手突然紧张，手腕下压盖在球的前上方。[1] 中青年比赛中，两手尽量伸向对方上空，接近球但不能主动触球。老年气排球比赛中，两手不要伸向对方场区上空，被动触球后手臂可随球过网。

边拦网时要外手里包，防止被打手出界，如果对方击球点高，不能接近球进行拦网时，可以采用手腕后仰的方法，堵截扣球路线，以便将球向上拦起。

（5）落地

拦网后落地时屈膝缓冲，身体重心后移，防止触网，落地后准备做下一个动作。

2. 集体拦网

前排 2~3 名队员相互靠近，同时起跳，形成组合拦网，称为集体拦网。集体拦网是气排球拦网的主要形式。

（1）双人拦网（视频 31）

（视频 31）

在单人拦网技术的基础上，首先要确定主拦网队员，另一人为配合拦网队员。通常距离对方扣球点较近的人为主拦网队员。主拦网队员要与对方扣球队员正面取位，配合队员迅速移动靠近主拦网队员，两人同时起跳拦网。在空中两名队员的身体和手臂要保持相应的距离，尽量扩大拦截面积，同时，更要防止相撞或发生"空门"漏球的情况。当扣球点距离边线较近时，边线的拦网队员要外手里包，防止打手出界。（见图 2-32）

图 2-32   双人拦网

（2）三人拦网（视频 32）

①分清主副

A. 拦对方 3 号位扣球时要以 3 号位队员为主拦网人，2 号位、4 号位为副拦网人。（见图 2-33）

（视频 32）

---

[1]   黄汉升. 球类运动——排球（第三版）［M］. 北京：高等教育出版社，2015：99.

B. 拦对方 2 号位扣球时要以 4 号位队员为主拦网人，3 号位、2 号位为副拦网人。

C. 拦对方 4 号位扣球时要以 2 号位为主拦网人，3 号位、4 号位为副拦网人。

②拦网取位

A. 拦网前中间拦网人站取位在 3 号位，与左（4 号位队员）、右（2 号位队员）拦网人保持间隔 1 米的距离；

B. 起跳前按扣球的直线位、大斜线位、小斜线位进行取位。

图 2 - 33 三人拦网

③移动步法

A. 必须采用前交叉移动步法；

B. 三人移动步法的幅度、节奏要高度一致，否则会出现相互干扰的情况，导致拦网之间出现空当。

④起跳与拦网

A. 踏跳节奏一致；

B. 起跳时间一致；

C. 手臂高度角度一致；

D. 边拦网者要外手内包，防止打手出界。

（二）练习方法

1. 单人拦网的练习方法

（1）原地徒手伸臂拦网

练习目的：建立拦网动作概念，体会拦网的手臂动作方法。

组织形式：体操队形，在网前轮流做原地徒手伸臂动作，或轮流对墙做徒手伸臂动作。

练习要求：两脚距离适当，跳起后含胸收腹，提肩，手指自然张开。切忌挺腹前冲。

（2）徒手原地起跳拦网

练习目的：体会拦网的空中动作，重点是蹬腿、摆臂和伸臂动作。

组织形式：3 人一组，在网的两侧各若干组。一组练习，其他组在 3 米线附近准备。教师鸣哨开始起跳拦网，3次后换组练习。

练习要求：网高合适；教师检查学生的拦网取位是否合适（两脚距离，离网的距离）；及时发现哪位学生碰网，找出原因，并给予纠正。要求学生跳起后收腹含胸，提肩时避免触网。

（3）徒手移动拦网

练习目的：学习并初步掌握并步和交叉步移动步法，体会移动后的拦网动作。学习控制身体重心。

组织形式：两人一组，隔网相对同时移动拦网，从场地的一侧移动拦网3~5次后到另一侧。上一组学生进行第二次拦网时，下一组学生开始拦网。待所有学生练习一次后，再从场地另一侧移动拦网回来，反复进行移动的徒手拦网。

练习要求：教师示范讲解练习方法和要领；强调控制身体重心，避免触网或离网太远；先进行并步移动拦网练习，然后进行交叉步移动拦网练习；对学生的要求，两人同步移动拦网，学会时间上和步法上的配合；步法清晰，没有多余的步子；两人手在网上轻击，不触网。

（4）徒手移动跟随拦网

练习目的：培养判断移动拦网的意识；提高反应速度和动作速度；提高迅速移动后控制身体重心的能力。

组织形式：两人一组。一人主动在网前移动起跳拦网，一人被动跟随练习。30秒后，交换主动方和被动方。完成后换组练习。

练习要求：主动者可1~2步移动，也可多步移动，移动距离在3米左右，拦网动作规范，不做多余动作；被动者及时判断移动，跟做动作到位。不碰网。

（5）原地（移动）起跳拦高台固定球

练习目的：学习选择起跳点，掌握拦网触球的正确手型。

组织形式：将学生分成3组，在网同侧练习。教师或学生站在凳子上双手持球于网上，其他学生轮流起跳拦网。每人拦1~2次后，换持球学生。先进行原地起跳拦网练习，再进行移动起跳拦网练习，即站在持球的两侧，移动后拦球。

练习要求：教师进行练习方法示范时，强调两手张开、手臂间距合适。持球不要过网，让拦网的学生伸手过网拦；教学生移动后制动起跳，身体不外移。要求学生两眼盯住球；离网距离合适，两臂上举同肩宽，两手臂形成一拦截平面。

（6）原地拦扣球

练习目的：体会手臂拦截球的感觉；巩固拦网的伸臂动作；养成睁眼拦网的习惯；培养勇敢精神。

组织形式：2人一组，原地隔网一扣一拦，不起跳。网上同时3组练习。扣5次球后，扣拦交换，完成后换组练习。教师可分批带几名学生练习，保证扣球的质量。①

练习要求：网高合适，选择学生原地伸臂刚出网的高度。教师示范时一定要睁眼看球，并强调睁眼看球的重要性，鼓励学生大胆拦网；教师还要示范扣球方法，并要求扣球一定要扣过网，不找拦网者，让拦网学生找球。要求学生观察扣球挥臂及球的路线；低头、提肩、两臂上举同肩宽；扣球的学生固定扣球线路。

（7）拦高台扣球

练习目的：学习判断球，选择合适的起跳时间和起跳点；培养勇敢精神，养成睁眼拦网的习惯。

组织形式：教师在高台扣固定路线球，学生起跳拦网。将学生分成两组，一组练习，一组捡球、观摩、休息。先进行原地起跳拦网，然后进行移动起跳拦网。每人拦3次。

练习要求：台高合适，便于教师扣球；教师的抛球由固定高度到变换适当高度，培养学生的判断能力；扣一般斜线球；注意用球安全。要求学生选择好起跳点和起跳时机，避免早跳。认真观察，掌握节奏；认真捡球，避免拦网学生踩球受伤。

（8）单人拦扣球

练习目的：体会完整的单人拦网技术；体会判断对拦网的重要性。

组织形式：教师组织4号位扣球，一名学生在场区对面2号位拦网，其他学生轮流扣球。拦网的学生拦到一次球或完成5次起跳拦网后换人。

练习要求：教师组织离网60~70厘米的扣球；尽量固定传球的高度；不断提醒扣球的学生不可过中线或触网；注意用球安全。要求学生扣一般斜线球，不躲拦网手，尽量减少扣球失误；拦网队员判断、移动、取位，适时起跳，取位外侧手对正球。即在拦网时靠近标志杆的拦网队员外侧手需要对正球才能更好的保证拦网面。

2. 多人拦网练习方法

（1）原地徒手双人拦网

练习目的：学习双人拦网的基本配合；巩固拦网基本动作。

组织形式：两人一组，网两侧各3组同时练习，分别站2、3、4号位附近，听哨声同时起跳拦网。练习3~5次后，换其他组练习。

练习要求：4只手同时出现在网上；4只手在同一平面，且网距合适；4只手中间不漏球；没有人碰网。教师及时发现好的配合与不好的配合，及时鼓励、讲评、纠正。

---

① 黄汉升. 球类运动——排球（第三版）[M]. 北京：高等教育出版社，2015：204.

（2）移动徒手配合拦网

练习目的：体会移动后双人的配合拦网；培养配合意识；提倡合作精神。

组织形式：网前2号位、4号位各两名学生，其他学生在3号位成两路纵队。3个位置同时组成双人配合徒手拦网，落地后2号位、4号位外侧学生撤下并排到3号位后准备下一次练习，3号位二人分别移动至2号位、4号位重新组成双人拦网。3号位另外上两名队员组成双人拦网。循环进行。一定次数后，左右两侧的学生交换位置。

练习要求：教师用哨声控制练习节奏，等学生取好位后再进行下一次练习，逐步加快练习节奏，教师在示范讲解时强调3号位两人拦网落地后应立即向两侧移动。练习可安排在球网两侧同时进行，增加练习的密度。要求学生移动步法要清晰；双人拦网动作要同步；移动后要制动，不冲撞两边的同伴，不触网。

（3）跟随移动徒手双人拦网

练习目的：培养判断的意识；提高移动的速度；熟练双人配合拦网。

组织形式：两名学生分别在2号位、4号位，其他学生在3号位一路纵队准备练习。教师在对方场地，3号位学生观察教师的手势，按教师的手指方向移动组成双人拦网。移动拦网后，留在其移动到的位置，准备下一次练习，原外侧的学生排到3号位队伍后面。

练习要求：教师的手势由有规律的变化到不规律变化；练习节奏由慢到快；要求学生认真判断，及时反应做好制动；加强两人拦网配合。

（4）判断、反应、移动双人拦网

练习目的：培养判断的意识；养成判断习惯；提高移动的速度；熟练双人配合拦网。

组织形式：将上一练习的网一侧练习，改变为网两侧练习。背对教师的一组为被动组，要根据对方的动作决定己方的行动。一定次数的练习后，教师换到另半场，交换主、被动方。6名学生在场上练习，其他学生在场地外观摩、思考、休息。一组完成练习后，换6名学生，依次轮流练习。

练习要求：教师指挥的练习节奏由慢到快，提醒学生认真做好每一次动作，强调完成拦网的动作质量。要求学生加强预判，动作迅速，努力跟随对方同步行动，不放弃每一次组成双人拦网。

（5）原地双人拦高台扣球

练习目的：学习双人拦网起跳时机的配合；学习判断线路，正确取位。

组织形式：教师在4号位或2号位高台扣球，学生两人一组，原地起跳组织双人配合拦网。学生分成两组，一组轮流练习，一组捡球、递球、观摩、休息。两组轮换练习。内外侧学生自行换位。

练习要求：教师固定抛球的高度，变换扣球的线路，扣直线和一般斜线球，让两个学生都能体会到拦网的感觉；注意用球安全，提醒学生注意捡球。要求学生体会并商讨如何配合。

（6）双人移动配合拦网

练习目的：学习移动后的配合；学习分工；提高拦网的判断取位能力及配合能力。

组织形式：教师在 4 号位高台扣球。一名学生在外侧准备拦网，其他学生在 3 号位准备，等教师将球抛起后，3 号位学生开始移动配合双人拦网。一次拦网后，原外侧的学生下撤，移动拦网的学生等待下一次拦网，循环进行。

教师换到 2 号位扣球，进行同样形式的练习。

练习要求：教师高抛球，给学生移动的时间，也训练学生选择起跳时间的能力；注意用球安全；提醒学生捡球。要求学生明确分工，外侧队员判断对正球，选择好起跳时机，配合队员迅速移动并好位置，中间不漏球，两人同步起跳拦网。

（7）双人配合拦扣球

练习目的：适应对抗状态下拦网技术的运用。体会判断取位及两人配合。

组织形式：教师在 4 号位组织中网扣球，学生轮流扣球。一名学生在对方 2 号位准备拦网，另一名学生在 3 号位准备配合拦网，等教师传球出手后，移动组成双人拦网。两人有效拦网一次后换拦网人。

练习要求：教师尽量固定传球的高度和网距；拦网队员移动迅速、配合默契。

（8）判断移动双人拦网

练习目的：真正体会拦网的判断能力；提高迅速移动组成双人拦网的能力。

组织形式：教师组织两点进攻，一名学生在中场给教师抛球，其他学生在 2 号位、4 号位准备扣球，3 名学生在另半场的 2 号位、3 号位、4 号位准备拦网。教师任意组织 2 号位或 4 号位进攻，拦网的学生判断后组成双人拦网。有效拦网 1~2 次，再换 3 名学生拦网。

练习要求：教师组织进攻可由规律换点到不规律换点，增加判断的难度；严格要求扣球学生不可过中线或触网；教师在组织进攻的同时，帮助拦网的学生选择双人拦网的起跳时机。要求拦网学生要有信心，努力配合；拦网不急躁，不碰网。

（三）教学中应注意的问题

（1）扣拦对抗中的拦网练习，往往由于队员拦不到球而练习的兴趣不高，情绪低落。因此，教学中在提高学生对拦网重要性认识的同时，还要注意明确扣球的要求，降低扣球难度，让队员能拦到球。

（2）初学拦网阶段，常常把握不好起跳时间，因而体会不到拦球动作。应利用分解教学，采用抛球至拦网手的练习方法，解决起跳动作和拦球动作的衔接，逐步体会完整的拦网动作。

（3）扣拦对抗时一定要提醒学生不过中线、不触网，并注意球网附近有无来球，保证练习的安全。

第二节　气排球基本战术

一、气排球战术的基本理论

（一）气排球战术的概念

气排球战术是指运动员在比赛中，根据气排球竞赛规则和气排球运动的规律、比赛双方的具体情况和临场竞赛的发展变化，合理运用个人技术及集体配合所采取的有意识、有组织的行动。①

（二）气排球战术的分类

根据不同的分类方式，气排球可演化出不同的战术体系。

1. 按战术的参与人数分类

根据参与战术体系人数的多少及配合的差异性，可以分为个人战术与集体战术两大类。

个人战术包括发球个人战术、一传个人战术、二传个人战术、扣球个人战术、拦网个人战术、防守个人战术。集体战术包括接发球及其进攻、接扣球及其进攻、接拦回球及其进攻、接传垫球及其进攻战术。②

2. 按战术的组织形式分类

根据对抗过程中所采取的不同组织形式分类，可将气排球战术分为进攻与防守战术两大类，在相应过程中有目的地变化各种战术阵型与打法，从而形成相对完整的战术体系。

（1）进攻战术

①进攻阵型

五人制：中二二进攻、边二二进攻、后排插上进攻。

---

① 谭洁.气排球运动教程［M］.长沙：湖南师范大学出版社，2017：57.

② 谭洁.气排球运动教程［M］.长沙：湖南师范大学出版社，2017：57－58.

四人制：中三进攻、边三进攻、插三进攻。

②进攻打法：包括强攻、快攻、两次球及转移进攻、立体进攻。

（2）防守战术

防守战术包括接发球防守阵型、接扣球防守阵型、接拦回球防守阵型、接传垫球防守阵型。

（三）气排球战术指导思想

气排球战术指导思想是一个球队在训练和比赛中指导战术行动的主导思想和基本原则。正确、先进的指导思想应符合气排球运动的客观规律和本队的实际情况，也适应气排球运动的发展趋势。战术制定的指导思想：针对队伍在不同时期的不同对手进行考虑，从实际出发，全面分析，扬长避短，从而形成自身独特的风格。

气排球运动自 1984 年问世至今，已有 40 余年，经过不断改革与完善，在内容、形式、赛制、规则、器材等方面日益革新，随着近年国家体育总局将其作为全民健身推广项目进行推广，它在全国范围内已得到广泛普及与提高。气排球战术也发生了变革和创新，不同地区也逐渐形成了各自的打法体系，目前已呈现"个人全面，攻防均衡，全攻全守，高快立体，灵活多变，简练实效"的战术发展趋势。

（四）气排球战术意识

气排球战术意识即战术素养，是指运动员在发挥技术的过程中支配自身行动并带有一定战术目的的心理活动，也是运动员在气排球比赛中合理运用技术和实现战术时所具有的经验、才能和智慧。运动员在比赛中的判断、应变和实践能力，以及每一项技术、战术的正确运用能力，都受一定战术意识的支配，并包含有战术意识的内容。运动员战术意识的强弱是衡量其是否成熟的重要标志，因此在训练和比赛中应注重培养运动员的战术意识，从而提高他们正确合理运用技术的能力、临场判断的能力，积累比赛经验。

根据气排球运动的规律与特点，可以从以下 8 个方面培养与提高战术意识。

即技术的目的性；行动的预见性；判断的准确性；进攻的主动性；防守的积极性；战术的灵活性；动作的隐蔽性；配合的集体性。其中，技术的目的性是指在运用技术和实现战术时，目的明确，使每一个行为都带有一定的战术目的；行动的预见性是指队员能根据临场情况和战局变化，分析和选择自己的行动和战术；判断的准确性是指队员在场上具有良好的预判和决断能力；进攻的主动性是指主动创造一切可能的进攻机会去掌握比赛的主动权；防守的积极性是指积极创造一切可能的机会去阻挠对方进攻及加强防守的攻击性；战术的灵活性是指队员善于根据临场变化情况，灵活运用各种攻防战术；动作的隐蔽性是指队员善于利用假动作迷惑对方；

配合的集体性是指队员之间要密切配合，善于取长补短，能充分发挥集体优势。①②

（五）气排球战术能力

气排球战术能力是指气排球运动员在比赛中完成战术活动的本领。气排球战术能力是运动员竞技能力的重要组成部分，在与对手的技能、体能、心理和智能基本相同的情况下，战术能力的作用就更加突出，常常在取胜中占有重要的地位。随着年龄的增长和运动技术水平及身体能力的提高，战术能力在竞赛中的作用也会随之而加强。

战术能力与技术、身体、心理等多种竞技能力都有着密切的关系。技术能力是战术能力的基础，身体能力是提高技战术能力、实施战术配合的重要先决条件，心理能力则是技术能力和战术能力稳定发挥的保证。运动员思维的敏捷性、灵活性、预见性和创造性等是体现战术应变性的重要因素，也是战术意识的基础。此外，战术能力的提高又必然反映了体能、技术能力、心理和智能的发展。

（六）气排球技术与战术之间的关系

气排球技术是任何一种气排球战术出现与发展的基础，所有的战术体系均是在合理熟练运用各项技术的基础上形成的。在实战中运用各项基本技术，适时根据实战的需要与变化，产生某种战术设想，进而改进原有的技术，灵活组合各项技术而形成新的战术配合，以适应实战的需要。此外，战术意识与体系的变革也会给技术的革新带来新的启示，从而改变技术的发展轨迹，亦可创造新的技术，因此，气排球技术与战术是互相联系、互相依存、互相促进、互相制约的。

（七）个人战术与集体战术的关系

气排球是集体性项目，要获得战术上的胜利就需要全队各个成员间的密切配合。在每个个体充分发挥自身特长的基础上，还必须通过集体间的默契合作才能实现集体力量的提升，最终取得优胜。太过强调或依赖于个人力量，或是过于追求集体配合而忽视个人能力的提高，都无法达成这一目标，因此在这个过程中就必须注重个人战术与集体战术的平衡。

个人战术是队员在比赛中根据临场情况的变化，有目的、有针对性地运用个人技术动作；集体战术是指两个或两个以上队员之间有组织、有目的地集体协同配合。个人战术是集体战术的组成部分，集体战术是个人战术的综合体现，二者之间的关系是局部和全局的关系。个人战术要促成集体战术的实现，集体战术要有利于发挥个人战术的特长和作用，二者相辅相成、互相促进、互相弥补。一个队个人战术与

---

① 谭洁. 气排球运动教程［M］. 长沙：湖南师范大学出版社，2017：59.

② 黄汉升. 球类运动——排球（第三版）［M］. 北京：高等教育出版社，2015：110－112.

集体战术水平的高低，取决于以下因素：①基本技术的全面性、准确性、熟练性、实用性的程度；②阵容配合的合理性，个人特长的应用与相互间不足的合理调配；③了解与判断双方人员特点及战术布置情况的准确度、深度及广度；④临场应变能力和实战经验的积累；⑤技、战术指导思想是否先进、准确；⑥是否具有集体主义、团结协作和顽强拼搏的精神等。

（八）进攻战术与防守战术的关系

在气排球比赛中，为了使球在对方场区落地或造成对方失误、犯规而采取的一切合法手段，都称之为进攻。反之，为了不使球落在本方场区的一切合法手段，均为防守。攻、守这对矛盾贯穿于气排球运动的始终，攻中有防，防中有攻，两者是紧密相连和互相依存的。进攻是赢得胜利的有效途径，但进攻必须以防守为基础，防守不仅是减少失分的一个重要方面，也是得分的基础。除发球外，每发动一次进攻都是在防守的基础上进行的，没有防守，就没有进攻；而防守的目的是保证与实现进攻，片面地强调进攻或防守都是不正确的。因此，在训练和比赛中，必须贯彻攻防兼备、全攻全守的指导思想。

（九）气排球战术的发展与演变

气排球比赛的战术形式和战术内容最初借鉴了室内六人制排球的战术体系与模式，但随着运动实践的积累与参与人群年龄段的拓展，竞赛规则与竞赛方法也产生了比较明显的变化，使气排球的战术指导思想与组合体系也得到了不断的丰富与革新。目前气排球战术呈现如下趋势：①

1. "个人全面"与"全攻全守"成为战术主体

气排球战术的进攻点大都在进攻线附近展开，要组织多种多样的战术，必须在个人技术和个人战术全面熟练掌握的前提下，通过一系列跑动，在进攻线前后的多个进攻点组成多种配合，全体场上队员前、后掩护，轮流进攻，使整体进攻战术发挥最大效益。同时，由于规则的不断修改，气排球比赛中的攻防力量趋于平稳，防守已成为掌握场上主动权或得分的重要方面。拦网是防守战术中的第一道防线。当前，"前高拦，后低防"已成为防守战术的发展新趋势。气排球比赛中，由于两米进攻线的限制，动作和力量受到一定影响，拦网时要充分利用高拦网拦死或拦起，并与后排防守一起加快拦、防反击的速度，使前后排形成有效的防守网络，获得最好的"全攻全守"攻防效果。

2. "快速"与"多变"组成战术核心

首先，快速的进攻、快速的调整、快速的配合、快速的防守已成为当前掌握比

---

① 谭洁.气排球运动教程［M］.长沙：湖南师范大学出版社，2017：60.

赛主动权的重要手段之一。"快速"不仅要求队员个人动作反应快、肌肉控制能力强，队员间默契程度高，更重要的是建立在全队整体配合基础上的快，全队队员场上行动能力强，随场上情况变化而快速变化。其次，单一战术组合已不适应现代气排球运动的发展和要求，而多种战术方式的有效组合、创新及临场变化组合，是当前和未来的发展趋势。

3. 合理、简练和实效成为战术运用趋向

气排球战术组合和运用的最终目的是获得比赛胜利。当前气排球比赛的竞争性日趋激烈，尤其是在青年组和大学生组的比赛中更为明显。在个人技术全面，全队打法全攻全守、快节奏、多变化的整体战术体系中，由于简练的战术配合，在时间上更节省，在速度上更快捷，在结果上更具实效，所以其战术组合和运用都朝着更合理、简练、实效的方向发展，并已经成为各队制胜的重要手段。①

二、气排球战术组成的基本方法

（一）阵容配备

1. 阵容配备的概念和目的

阵容配备是参赛队根据比赛的任务、本队战术组织的特点及队员的身体情况，有针对性、合理地安排出场队员及位置分工，充分地调配力量，科学地组合人员的筹划过程。阵容配备要将全队的力量有效地组织起来，扬长避短，最大限度地发挥每一个队员的作用和特长，充分调动队员的精神力量和技战术水平，使队员更加积极主动地投入比赛中。

2. 阵容配备的原则

（1）择优原则

选择作风顽强、心理素质好、体能强、技术与临场应变能力强的成员组成主阵容，同时考虑每个位置上替补队员的适配。

（2）攻守均衡原则

努力使各轮次间的攻守力量趋于均衡，尽量避免弱轮次的出现，以保证整体战术发挥的稳定性和成效性。

（3）相邻默契原则

将平时合作默契的二传与攻手安排在相邻的位置上，使之能娴熟配合，产生良好战术效应。

（4）轮次针对原则

根据对方队员的位置，轮次安排有针对性。如拦网能力强的队员对准对方攻击

---

① 谭洁. 气排球运动教程［M］. 长沙：湖南师范大学出版社，2017：61.

力强的队员，以遏制对方的进攻；遇到对方进攻强的轮次时，可安排发球攻击性强的队员发球，以破坏对方的一传，使对方难以组成进攻战术，取得先发制人效果。

（5）优势领先原则

轮次的安排要注意发挥本队的优势。如把攻击性强的队员安排在最得力的位置；把发球最强的人安排在最先发挥其优势的位置上，争取开局的主动，鼓舞本队士气。①

3. 阵容配备的基本形式

（1）四人制阵容配备基本形式

四人制比赛普遍用于青年男子组、青年女子组以及大学校园组。对场上比赛运动员的身体素质水平、气排球技、战术水平要求较高。

①"三一"配备：由三名攻手和一名二传队员组成，其中有一名攻手或为接应二传（图2-34）。这种阵型特点与五人制的"四一"配备比较接近，虽然场上人数减少使队员间的跑动换位相对容易，但对形成专位攻防布局所需的时间、位置控制要求更高，每名队员负责的区域也相对变大，一定程度上增加了战术配合的难度。同时，由于场地小，球速快，后排插上二传的优势得不到体现。

②"二二"配备：该阵型由两名二传队员与两名攻手组成（图2-35），各轮次二传与攻手配置均衡，在两名二传具备一定扣球、拦网实力的前提下，可以打出多点进攻战术。这种配备形式在高水平的气排球比赛中经常采用。

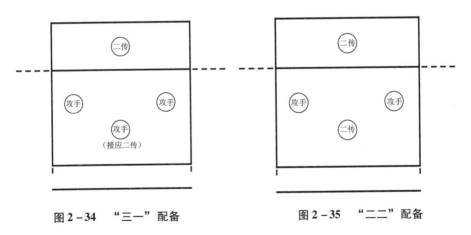

图2-34　"三一"配备　　　　　　图2-35　"二二"配备

（2）五人制阵容配备基本形式

①"四一"配备：由四名进攻队员和一名二传队员组成（见图2-36）。其特点是二传与攻手分工明确，进攻点较多，进攻战术富于变化，全队只要适应一名二传

---

① 谭洁. 气排球运动教程［M］. 长沙：湖南师范大学出版社，2017：62.

队员的技术特点，相互间的配合更为默契，有利于教师对比赛的指挥与控制，有利于进攻队员领会与执行战术意图。不足之处：对二传的体能及分配球的能力要求较高；二传插上后，出现后排防守薄弱问题。因此有些队伍会培养接应二传代替其中一名攻手的位置，以弥补后场防守与调整球的问题。

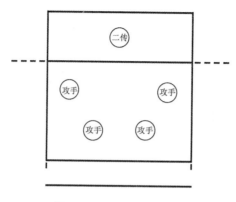

图 2-36　"四一"配备

②"三二"配备：由三名进攻队员和两名二传队员组成。又可根据二传的站位分为两种阵型，其一为二传站于前排 3 号位和后排 5 号位（见图 2-37），其二为二传站于前排 3 号位和后排 1 号位（见图 2-38）。这种阵型在五人制中采用较多，特点是二传与攻手的数量及站位分布比较合理，每个轮次均能保证有一名二传队员，且前后场均有二传可以调整球，保证了多点进攻，战术配合较稳定。不足之处：会出现两名二传同时在前、后场区的情况，进攻点减少，降低了本方进攻实力。若二传队员具有较强的进攻和拦网实力，则此阵容较为理想。①

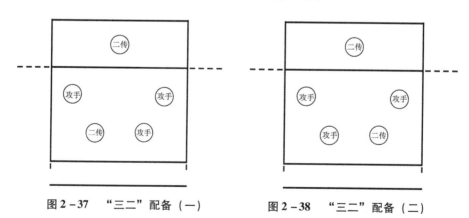

图 2-37　"三二"配备（一）　　　　图 2-38　"三二"配备（二）

4. 阵容配备的注意事项

（1）阵容配备时应考虑全队队员的技术、战术、体能、思想作风、心理品质、

---

① 谭洁. 气排球运动教程［M］. 长沙：湖南师范大学出版社，2017：62.

特长、配合能力、临场经验等方面的情况。

（2）选择能攻善守、技术全面、作风顽强的队员，组成一个主力阵容以及相应位置的后备队员。

（3）从本队的实际出发，扬长避短，形成自己的风格。把每名队员的特长在不同位置上充分地发挥出来，做到人尽其用。

（4）考虑进攻队员和二传队员的合理搭配，把平时配合默契的进攻、二传队员安排在相邻或适当的位置上，以便更好地组成战术进攻。

（5）为了避免拦网、一传及防守上的漏洞，应根据队员的身高及技术情况，进行前后排及左右位置的合理搭配。

（6）应考虑前排强弱轮次与发球攻击性的优化组合。前排强轮次，要安排发球稳定性和准确性高的队员发球，以增加得分的机会。攻击力弱的轮次，要安排发球攻击性强的队员，力争破功，以减轻本方网上的压力。

（二）交换位置

1. 交换位置概念与目的①

概念：在规则允许下，通过交换场上队员的位置以达到专位攻防的布局。

目的：积极主动弥补阵容配备上的某些缺陷，便于攻防战术组织，发挥攻防优势，实现专位攻防，从而扬长避短，最大限度地发挥每个队员的特长，保障与提高攻、防战术的质量。

2. 交换位置的方法

（1）前排队员换位

①为了便于组织进攻战术，把二传队员换到前排的位置上。

②为了保证和加强进攻力量，把进攻力量强的队员换到便于扣球的位置上。如右手扣球队员换至前排左的位置，左手扣球队员换到前排右的位置，扣快球的队员换到中间位置上。

③为了加强拦网，控制对方的重点进攻，将身材高大或弹跳力好、拦网能力强的队员换到前排中间的位置或与对方主攻队员相对应的位置上。

（2）后排队员的换位

①为了发挥个人特长，后排队员各自换到自己熟悉的防守区进行专位防守。

②为了在比赛中便于运用行进间"插上"战术，把二传队员换到后排右侧或中间的位置上，以缩短插上时的距离。

③根据临场情况，把防守能力强的队员换到防守任务较重的区域，防守能力弱的队员换到防守任务较轻的区域。

---

① 谭洁. 气排球运动教程［M］. 长沙：湖南师范大学出版社，2017：63.

（3）前后排队员的换位

主要是后排二传队员插上。可从1号位插上到2号位或3号位之间的位置，准备做二传。前排2号位、3号位、4号位队员（五人制）或2号位、3号位队员（四人制）则后退，准备接球或进攻。

3. 交换位置时应注意的事项

（1）换位前的站位，既要防止"位置错误"犯规，又要考虑缩短换位距离。

（2）当发球队员击球后，即开始换位，应力求迅速地换到预定位置，立即准备下一个动作。

（3）在对方发球时，应首先准备接对方的来球，然后再换位，避免造成接发球混乱。

（4）换位时，队员之间要注意配合行动，防止互相干扰，做到互相弥补。

（5）换位后，当该球成死球时，应立即返回原位，各自做好下次接球或进攻的准备。

（三）信号联系

为了统一行动目标，完成集体战术配合，根据本队情况，由教师和运动员共同制定一种行动信号。气排球战术中常见的信号联系方式有语言信号联系、手势信号联系、落点信号联系、仪态信号联系与综合信号联系。其中，语言信号联系是指用口头喊话联系，一般要语言精练、清晰；手势信号联系是指通过事先确定的各种手势，表明进攻战术变化的配合；落点信号联系是指根据接起球后的落点，作为发动某种战术的信号；仪态信号联系是指通过身体姿态和面部表情进行暗示；综合信号联系是指以手势信号为主，落点信号和语言信号为辅。①②

三、气排球个人战术

个人战术是根据个人特点和整体战术的需要，灵活运用个人技术的变化，以达到完成有效进攻与防守的目的。

（一）发球个人战术

1. 指导思想和基本任务

（1）指导思想

发球技术不受对方和同伴制约，也不需集体配合，全凭个人技术运用，所以要有"以我为主，先发制人，突出性能，胆大细心，稳中有变"的思想，充分展现个人的战术意识与能力。

---

① 谭洁. 气排球运动教程［M］. 长沙：湖南师范大学出版社，2017：64.

② 黄汉升. 球类运动——排球（第三版）［M］. 北京：高等教育出版社，2015：122.

（2）基本任务

充分观察和分析对方具体情况，有针对性地采取不同的发球战术，保证发球的攻击性与准确性，以增加对手接发球的难度，破坏其一传的到位率，从而取得先发制人的效果。

主要要做到以下几点：一是正确评估自身的体能与技能状态、自身的发球特点和发球时的心理状态，充分发挥个人的发球技术水平，避免出现失误，在保证成功率的前提下完成各种发球战术；二是认真观察场上情况，了解对方接发球的弱点，出其不意攻其不备；三是看清对方接发球站位、轮次特点，思考其可能运用的进攻战术，尽量做到扬长避短；四是预估自然条件如阳光、风向对发球的影响。

2. 发球常用的个人战术

（1）加强发球的性能

如：改变发球的力量、速度、弧度以及旋转与飘晃等性能，以达到直接得分或破坏对方进攻的目的。

（2）控制发球的落点

①将球发到两个队员之间的连接区，或边线及后场端线附近，增加接发球到位难度。

②将球发给对方参加进攻的队员，落在该队员的前、后、左、右位置，迫使其先接球，破坏进攻的流畅性。

③将球发给对方二传或落在该二传跑动的必经线路上，迫使其接球，以破坏对方进攻节奏。

④将球发给垫传技术差、情绪急躁、精力分散或刚上场的队员，造成对方接发球失误。

（3）改变发球的方法

①改变发球的位置。一是变换发球站位的远近，可站在距端线近、中、远距离位置发球；二是改变发球站位的方位，可选择站在端线外的左半区、右半区或中部位置，以发出不同性能和不同落点的球。

②改变发球的弧度。发球时，给予球上旋或左旋、右旋，改变飞行弧度，降低对方一传到位率。如上空没有障碍物，可以发高吊球，利用球体下降时产生的重力加速度，使对方产生不适。

③改变发球的速度。采用击球点高、距网近、速度快的飘球、跳发球或勾手大力发球，达到先发制人的目的。或采用高弧度、慢速度的发球，利用速度变化造成对方的不适应。

（4）改变发球的攻击性和准确性

①如本方得分难、比分落后较多或遇到对方进攻强的轮次等情况时，可采用加强进攻性的拼发球战术，以改变本方落后状况。

②如本方领先较多，亦可采用攻击威力大的发球，以扩大战果。

③如本方发球连续失误或对方暂停、换人后，以及对方处于进攻较弱的轮次或接发球连续失误时，应注意发球的准确性，避免失去得分机会。

④如比赛处于关键时刻，特别是在决胜局时，发球更要注意准确性，不要做无谓的失分。

（二）一传个人战术

1. 指导思想和基本任务

（1）指导思想

一传是保障本队组织合理有效进攻的基础。运动员必须树立"自信果断，注重预判，移动及时，准备充分，接球稳准，送球到位"的思想。①

（2）基本任务

气排球具有自身器材轻、飘，受力易产生形变的特性，给一传造成了一定的困难，因而需要队员在避免失误的前提下，合理全面地运用垫、传、挡、捧、拨等动作将球接起，灵活调整与控制一传球的方向、弧度、速度与落点等，有效配合本方的进攻组织。

2. 一传常用的个人战术

（1）组织快攻战术时，如果本方快攻队员来得及进行快攻，一传的弧度要低平、速度稍快，以加快进攻的节奏；如果来不及，则应提高一传弧度。

（2）组织强攻战术时，一传的弧度略高些，为二传队员创造便利条件。

（3）前场区队员一传时，力量不宜过大，弧度稍高，后排队员则正好相反。如来球力量不大，可用上手传球、插托击球或单手掌托球起球。

（4）当对方第三次传垫球过网时，一传可用上手传球，以便更准确地组织快速反击或直接传给扣球队员进行两次球进攻。

（5）如发现对方场区有较大的空当或对方队员无准备时，在球低于球网时，一传可直接用传、垫、扒（比双手传球球速更快）等动作把球击向对方。

（三）二传个人战术

1. 指导思想和基本任务

（1）指导思想

二传是进攻的组织者，球队的灵魂。优秀的二传能为球队组织更多的高质量进

---

① 谭洁．气排球运动教程［M］．长沙：湖南师范大学出版社．2017：64－65.

攻战术。"预先观察，快速移动，给球到位，灵活多变"是一个优秀二传必须具备的素质。①

（2）基本任务

二传个人战术主要目的是合理有效地分配球，为本方队员创造有利的时空进攻条件，并突破对方的拦网以完成各种进攻战术。受规则的影响，气排球二传球组织进攻的落点区域相对集中于中后场区，为了有效地突破对方的拦网，在二传个人战术方面更强调了在空间、时间以及动作上的变化，应当利用各种击球动作变化二传球出手的快慢、高度与弧度，充分利用球网与球场的纵深区域，尽量避开对方拦网强的区域以达到预期的战术目的。

2. 二传常用的个人战术

（1）根据本方队员的特点和战术设计情况进行合理的分球，如采用集中或拉开、中网或远网、弧度高或弧度低等传球技术。

（2）根据对方拦网的部署，与进攻队员在时间和位置上进行协调配合，合理选择拦网的突破口，形成以多打少的局面。

（3）根据本方扣球队员的不同起跳时间，采用升点或降点的传球、声东击西的隐蔽动作和假动作等给予配合，以打乱对方的拦网布局。

（4）根据本队一传的情况，如到位球或不到位球、高球或低球、冲网球或远网球等，合理运用传球技术组织各种战术。

（5）根据对方防守队员的站位，在有利于自己的情况下，突然将球直接传入对方空当。

（四）扣球个人战术

1. 指导思想和基本任务

（1）指导思想

合理助跑取位，落点观察细致，手法稳中有变，下手准确有效，积极配合保护。

（2）基本任务

扣球个人战术要求进攻队员根据对手拦网和防守情况，合理选择与变化扣球技术和路线，以有效突破对方的防御体系。气排球网高及扣球动作的限定使拦网方占据相对有利的局面，这也要求进攻者必须提高自身的扣球个人技术能力与临场战术应变意识与能力。②

---

① 谭洁. 气排球运动教程［M］. 长沙：湖南师范大学出版社. 2017：65 – 66.
② 谭洁. 气排球运动教程［M］. 长沙：湖南师范大学出版社. 2017：66 – 67.

2. 扣球常用的个人战术

（1）线路的变化

①扣球时采用直线和斜线相结合、长线与短线相结合。

②利用助跑线路和扣球线路不同的方向，迷惑对方拦网和防守队员，如直线助跑扣斜线，斜线助跑扣直线。

③针对防守技术差和意志不顽强的队员扣球，或扣向对方空当和防守薄弱的区域等。

（2）动作的变化

①运用转体、转腕的扣球技术，突然改变扣球方向，避开对方拦网。

②运用搓扣球技术，利用球飞行弧线的变化超越拦网者手进行突破进攻。

③选用正面扣球变为勾手扣球动作，造成对方拦网判断失误。

④利用突然的两次攻或一次攻，形成空网或一对一进攻的有利局面。

⑤高点平打，形成球触拦网手后飞向后场区远端或造成两侧打手出界。

⑥突然用单脚起跳扣球，使对方来不及拦网。

⑦有意识提早或延迟扣球时间，使对方难以掌握拦网的起跳时间。

⑧运用轻扣球或吊球技术，使球随拦网队员一同下落，增加拦网队员自我保护球的难度或使球落在对方网前或拦网队员的身后。①

（五）拦网个人战术

1. 指导思想及基本任务

（1）指导思想

冷静判断，快速移动，适时起跳，合理手型，隐蔽拦死。

（2）基本任务

根据对方扣球的情况，甄判对手的进攻时机、路线与动作，利用时间、空间等变化因素采用不同手法，达到阻拦对方进攻的目的。尤其要重点拦防对方进攻威胁性大的队员，保护本方防守薄弱的区域。

2. 常见的拦网个人战术

（1）采用拦直线位置起跳向侧伸臂拦斜线，或在拦斜线位置上起跳拦直线的方法。

（2）改变空间拦网手的位置。如在空中拦直线时突然移动手臂改为拦斜线等。

（3）制造假象，如有意露出中路空当，诱使对方扣中路，当对方扣球时突然拦对方中路球，使对方上当。

（4）在发现对方要打手出界时，可在空中及时将手撤回，造成对方扣球出界。

① 谭洁. 气排球运动教程［M］. 长沙：湖南师范大学出版社，2017：67.

（六）防守个人战术

1. 指导思想和基本任务

（1）指导思想

防守必须"判断准，移动快，多路拼抢，每球必争"。

（2）基本任务

队员在防守时，需选择最有利的位置，采取合理的接球动作，按战术要求防起球。必须在具有拼搏精神的同时，善于观察，根据对方的进攻和本方拦网的情况，做出准确及时的判断，并采取相应措施。

2. 防守常用的个人战术

（1）根据对方二传的方向和落点，迅速地做出判断，并立即移动到相应的位置，正对来球，准备接球。

（2）在选择前、后位置时，应根据对方二传与网的距离和扣球队员击球点的高低来判断选择。如球离网较近，无人拦网时，防守取位可向前；如离网较远，则取位可向后。

（3）选择左、右位置时，主要根据对方扣球队员的助跑线路、起跳点以及人与球的位置关系来判断。一般而言，防守位置应取在对方扣球队员进攻手肩部和球连线的延长线处。

（4）根据对方扣球的特点，采取相应的防守行动：如只扣不吊时，则取位靠后；如对方打、吊结合，则要随时准备向前移动；如对方只扣斜线，则要放直防斜。

（5）根据本方前排队员拦网的情况，主动选择防守位置加以配合和弥补，重点防守前排拦网的空当。①

四、气排球集体战术

（一）进攻战术打法

进攻打法是指二传队员与扣球队员之间所组成的各种配合。每一种进攻阵型中都可以灵活地运用多种进攻打法，以达到避开拦网、突破防线、争取主动的战术目的。进攻打法可分为强攻、快攻、战术攻等。

1. 强攻（视频33）

强攻通常是指主攻和接应，在2号位或4号位凭借自己的高度和力量将球从高点打下去以超过对方拦网队员的封锁，这种球的特点是力量大，速度快，点又高，前排的拦网队员很难摸到球，后排的防守

（视频33）

---

① 谭洁. 气排球运动教程［M］. 长沙：湖南师范大学出版社，2017：68.

队员很难防守。强攻的二传球较高，根据不同的二传球位置，可以分为集中进攻、拉开进攻、围绕进攻、调整进攻等。（见图2－39）

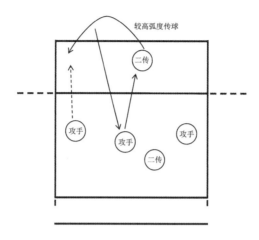

图2－39　强攻

2. 快攻

二传队员将球或快或平传给扣球队员，扣球队员快速挥臂击球的战术称为快球进攻。快球进攻是我国的传统打法，其特点是速度快、突然性强、掩护作用大，有利于争取时间、空间和组织多变的战术。根据二传组织快球进攻时传出球的方向和距离，快球有近体快、背快和平拉开等。

（1）近体快（视频34）：指在接近二传体前或体侧一步范围内所扣的快球。它节奏快，威力大，具有良好的掩护作用。高水平的近体快球，必须在二传出球之前的瞬间起跳，在空中捕球扣杀。其实施的目的不仅是为了实扣，更多场合用于掩护队友进攻，以组织多种灵活多变的集体战术。（见图2－40）

（视频34）

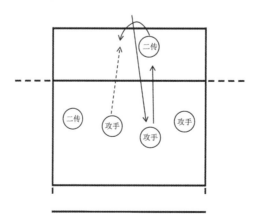

图2－40　快攻之近体快

（2）背快（视频35）：背快是指位于二传身后起跳所扣出的快球。其形式和作用与近体快相同。（见图2–41）

（视频35）

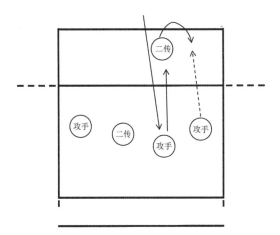

图2–41　快攻之背快

（3）平拉开（视频36）：二传把到位球以平和快的方式传到4号位的主攻手，球的高度超过球网上沿1～2个球高，不能太高，快指二传的传球速度要快。在四号位的主攻手也要快速扣球，使对方无法组织有效拦网，或者对方在有限的时间里只能单人拦网、双人拦网，无法三人拦网。（见图2–42）

（视频36）

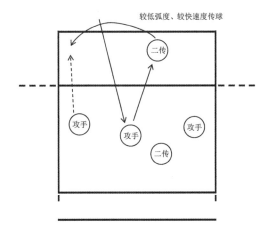

图2–42　快攻之平拉开

3. 战术攻

（1）梯次（视频37）：一名进攻队员先以快球进攻伴跳吸引对方3号位的拦网，接着另一名进攻队员在其身后起跳实扣半高球。此战术利用防守队员拦网起跳后无法及时调整的机会，在相同位置进行半高球进攻，从而打击对方 3 号位的空当。这种通过在相同攻击点上进行两次不同时机的扣球，令对方拦网队员难以准确判断，从而实现多打少的战术优势。（见图 2 - 43）

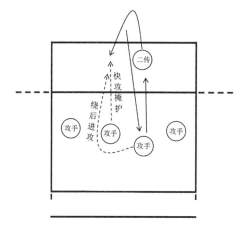

图 2 - 43　战术攻之梯次

（2）背交叉（视频 39）：指靠右侧队员打背快球掩护，中间队员交叉跑动到背快球掩护者的右侧打半高球。（见图 2 - 44）

（视频 39）

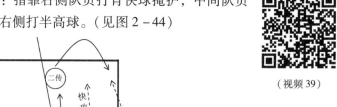

图 2 - 44　战术攻之背交叉

（二）进攻阵型

1. 四人制

（1）"中三"进攻战术的基本配合方法（见图 2 - 45）

由 3 号位队员站在前场区中间担任二传，其他三人将球传（托或垫）给二传队员，再由二传队员将球传给场上队员进攻。这种进攻配合方法称为"中三"进攻战术，它是四人制比赛进攻战术中最基础、最简便的一种进攻战术形式。① 在运用

---

① 谭洁. 气排球运动教程［M］. 长沙：湖南师范大学出版社，2017：70.

"中三"进攻战术中，当二传队员轮转到 4 号或 2 号位时可采用换位方法跑到 3 号位。"中三"进攻战术配合简单，便于组织进攻，但突然性、隐蔽性不强，易被对方识破。因此"中三"进攻战术多适合于水平不高的队或还没有掌握复杂进攻战术的队。

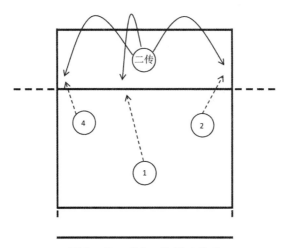

图 2 –45　"中三"进攻战术

（2）"边三"进攻战术的基本配合方法（见图 2 –46）

由 2 号位队员担任二传，其他三人将球传（托或垫）给二传队员，再由二传队员将球传给场上队员进攻。这种进攻配合方法称为"边三"进攻战术。在运用"边三"进攻战术中，当二传队员在 3 号或 4 号位时，可采用换位方法跑到 2 号位。"边三"进攻战术，由于二传队员站在 2 号位偏中位置，一传目标清楚，同时有两到三名进攻队员位置相近，可以互相掩护、互相配合，充分利用前场区的空间，组织更多的快速、有效的进攻战术。[①]

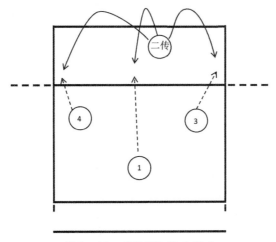

图 2 –46　"边三"进攻战术

---

① 黎禾. 大众气排球［M］. 北京：北京体育大学出版社，2008：91.

2. 五人制

（1）"中二二"进攻战术（见图 2 – 47）

"中二二"进攻战术的基本配合方法：由前排 3 号位队员担任二传，其他四名队员将球传（托或垫）给二传队员，再由二传队员将球传给场上前排两名或后排两名队员进攻。这种进攻配合方法称为"中二二"进攻战术，它是五人制比赛进攻战术中最基础、最简单的一种进攻形式。在运用"中二二"进攻战术中，当二传队员轮转到 4 号位或 2 号位时，可采用换位方法跑到 3 号位。

"中二二"进攻战术，由于二传队员的位置居中，距离场上各个位置的队员较近，一传的目标明确，二传队员也易于接应，战术配合也简单，便于组织进攻。但战术配合变化较少，进攻点较清楚，战术意图易被对方识破，对方容易组成集体拦网。因此，这种战术的突然性、隐蔽性不强，多适用于基层队或还未掌握其他复杂进攻战术的队采用。但在某些特定条件下，技术水平较高的队，为了稳定战术的需要，有时也主动运用这种战术。①

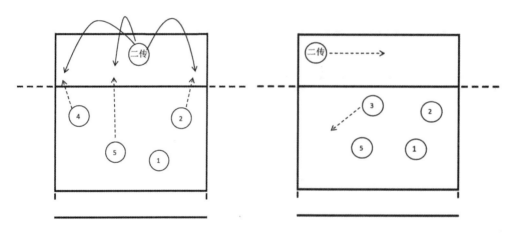

图 2 – 47 "中二二"进攻战术

（2）"边二二"进攻战术（见图 2 – 48）

"边二二"进攻战术的基本配合方法是：由 2 号位的队员担任二传，其他四名队员通过传球（托球或垫球）将球送到二传。随后，二传队员将球传递给场上的进攻队员。这种战术称为"边二二"进攻战术。在使用"边二二"战术时，当二传队员轮转至 4 号位或 3 号位时，可以通过换位移动到 2 号位继续组织进攻。

"边二二"进攻战术，由于二传队员站在 2 号位偏中，一传目标明确，同时 4 号位与 5 号位两名进攻队员位置相邻，也便于相互掩护配合，可以组织更多的快球战术，

① 黎禾. 大众气排球［M］. 北京：北京体育大学出版社，2008：99.

所以它的突然性、攻击性较"中二二"进攻战术强。但由于二传球传出的距离不等，因此要求二传队员要掌握长、短、高、低、平快、拉开、集中等多变的二传技巧。

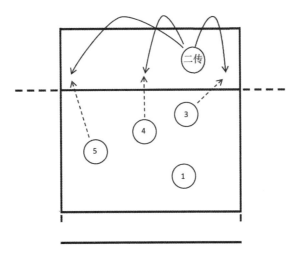

图 2 - 48 "边二二"进攻战术

（3）"后排插上"进攻战术（见图 2 - 49）

"后排插上"进攻战术的基本配合方法：由后场区队员插到前场区担任二传，其他四名队员将球传（托或垫）给插上的二传队员，再由插上的二传队员将球传给场上队员进攻。这种进攻配合方法称为"后排插上"进攻战术，它是进攻战术中较为先进的一种进攻形式。运用"后排插上"进攻战术时，二传队员在后排可以分别从 1 号位或 5 号位插上。由于 1 号队员接球次数少插上移动距离短，因此，在比赛中采用 1 号队员插上的方式较多。

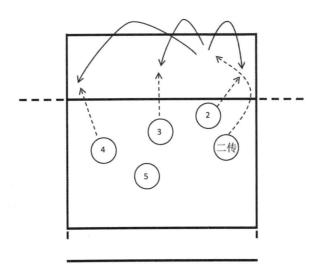

图 2 - 49 "后排插上"进攻战术

"后排插上"进攻战术，由于有四个队员参加进攻，有效增加了进攻点，同时可充分利用网的长度组织快速多变的进攻战术。因此，"后排插上"进攻战术的威力及效果都比"中二二""边二二"进攻战术强，但对插上二传队员的要求也更高。

（三）防守阵型

1. 四人制

（1）接发球阵型

由于进攻限制线限制了进攻的位置，所以四人制也主要采用三人接发球阵型，除网前 1 名二传队员外，其他 3 名队员在进攻线后面 2～3 米处站成弧形接发球。其优点是便于后排插上与队员的及时换位，其缺点是对接发球的 3 名队员要求有较高的判断、移动能力和掌握较好的接发球技术。[①]

（2）接扣球阵型

接扣球的防守战术包括前排的拦网和后排的防守两部分。前排拦网不仅可以限制对方进攻，还能直接阻止对方的扣球，体现了攻防兼备的技术特点。后排防守则作为前排拦网的支持，负责防守未能被拦网队员拦到的球，并为后续进攻做准备。因此，前后排队员的紧密配合是实现有效防守的关键。

①前排拦网

A. 无人拦网

由于对手战术的不断变化，有时我们的拦网可能会失效，导致无人拦网。在这种情况下，我们需要根据现场情况灵活调整站位，努力做好防守。当对方的扣球能力较弱或球离网较远时，可以选择不进行拦网，改用"中一二"或"边一二"阵形，或在行进中进行"插上"布防。初学者通常使用传球和垫球作为主要防守手段，避免拦网，以提升整体防守效果。[②]

B. 单人拦网

（1）2 号位单人拦网下的防守阵型（见图 2-50）

对方 4 号位队员扣球，本方 2 号位队员拦网，3 号位队员下撤防小斜线，4 号位队员防大斜线，1 号位队员防吊球。

（2）3 号位单人拦网下的防守阵型（见图 2-51）

对方 3 号位队员扣球时，本方 2 号位队员（前排二传）拦网，4 号位队员（后排二传）移动到 2 号位后面防吊球或搓扣球，3 号位和 1 号位队员防斜线。[③]

① 孙佳昕. 气排球运动项目特征研究 [D]. 北京：首都体育学院，2017：36.
② 黎禾. 大众气排球 [M]. 北京：北京体育大学出版社，2008：98.
③ 谭洁. 气排球运动教程 [M]. 长沙：湖南师范大学出版社，2017：76.

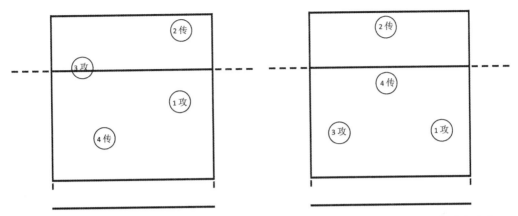

图 2 - 50   2 号位单人拦网下的防守阵型   **图 2 - 51   3 号位单人拦网下的防守阵型**

（3）4 号位单人拦网下的防守阵型（见图 2 - 52）

对方 2 号位队员扣球时，本方 3 号位队员在 4 号位拦网，2 号位队员下撤防小斜线，1 号位队员防大斜线，4 号位队员防直线和吊球。

C. 双人拦网

a. 4 号位双人拦网下的防守阵型（见图 2 - 53）

对方 2 号位队员扣球时，本方 3 号位、2 号位队员拦网，1 号位队员防斜线区，4 号位队员防直线区。

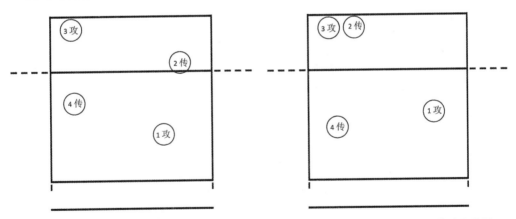

图 2 - 52   4 号位单人拦网下的防守阵型   **图 2 - 53   4 号位双人拦网下的防守阵型**

b. 3 号位双人拦网下的防守阵型（见图 2 - 54）

对方 3 号位队员扣球时，本方 3 号位、2 号位队员拦网，1 号位、4 号位队员各防半个区域。

c. 2 号位双人拦网下的防守阵型（见图 2 - 55）

对方 4 号位队员扣球时，本方 3 号位、2 号位队员拦网，4 号位队员防斜线区，1 号位队员防直线区和吊球。

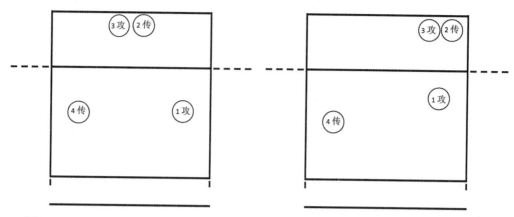

图 2-54　3号位双人拦网下的防守阵型　　　　图 2-55　2号位双人拦网下的防守阵型

②后排防守

A. "边跟进"防守阵型

对方4号位或2号位的边网进攻时，本方1号位或5号位要么直接防直线扣球，要么跟进到拦网人后面防吊球，叫作"边跟进"。"边跟进"主要以"活跟"为主，即根据扣球队员动作变化和线路变化而机动性跟进。

以五人制比赛为例，对方4号位进攻，本方2号位、3号位组成双人拦网。4号位下撤防小斜线，5号位防大斜线，1号位防直线或向前移动防吊球，如对方在2号位进攻，防守阵型则相反。①

B. "三角卡位"防守阵型（图2-56）

"三角卡位"防守阵型通常在对方3号位扣球，本方3号位队员单人拦网时采用的拦防阵型。2号位、4号位队员下撤到拦网人侧后方3米处，1号位或5号位队员上提到拦网人正后方4米处，三人形成"三角形"防守阵型，另外一名队员负责防守打手弹出后场的高球。

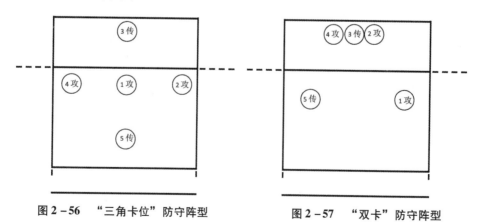

图 2-56　"三角卡位"防守阵型　　　　　　图 2-57　"双卡"防守阵型

① 谭洁. 气排球运动教程［M］. 长沙：湖南师范大学出版社，2017：117.

C. "双卡"防守阵型（图 2 - 57）

"双卡"防守阵型主要是在本方三人拦网时采用。4 号位、3 号位、2 号位队员组成三人拦网，后排 1 号位、5 号位队员各守半区，形成双卡站位。

（3）接拦回球阵型

① 3 号位队员在 4 号位扣球，2 号位队员在 2 米线内进行保护，4 号位队员在扣球队员身后、1 号位队员在扣球队员右后侧，三人形成保护圈；（图 2 - 58）

② 4 号位在 3 号位扣球，3 号位队员、2 号位队员在扣球队员两侧进行保护，1 号位队员在扣球队员身后进行保护，三人形成保护圈；（图 2 - 59）

③ 2 号位队员在 2 号位扣球，3 号位队员到扣球队员左侧进行保护，1 号位队员在扣球队员身后，4 号位队员在扣球队员左后侧，三人形成保护圈。（图 2 - 60）

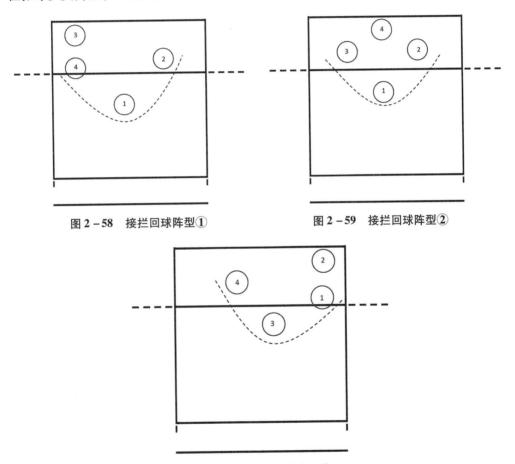

图 2 - 58 接拦回球阵型①　　　　图 2 - 59 接拦回球阵型②

图 2 - 60 接拦回球阵型③

2. 五人制

（1）接发球阵型

常见的五人制进攻阵容配备与队员位置分配如下（图 2 - 61），据此来看每一轮的接发球阵型变化：

第一轮：3 号位的二传队员上提到网前中部附近进行传球组织进攻，由 1 号位、4 号位、2 号位和 5 号位队员形成 1 - 3 - 1 接发球阵型（见图 2 - 62）。其中 3 号位和 5 号位队员为二传队员，一般不接一传。

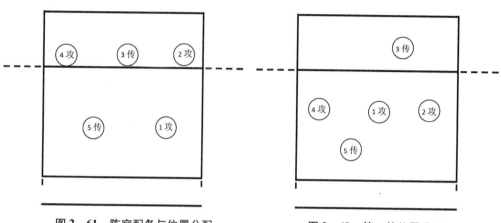

图 2 - 61　阵容配备与位置分配　　　　图 2 - 62　第一轮位置分配

第二轮：2 号位的二传队员上提到网前中部附近进行传球组织进攻，1 号位的队员补到 2 号位，与下撤的 4 号位、3 号位队员和 5 号位队员形成 1 - 3 - 1 接发球阵型（见图 2 - 63）。

第三轮：3 号位二传队员上提到网前中部附近组织进攻，5 号位队员补 3 号位队员位置，与下撤的 4 号位、2 号位以及 1 号位队员形成 1 - 3 - 1 接发球阵型（见图 2 - 64）。

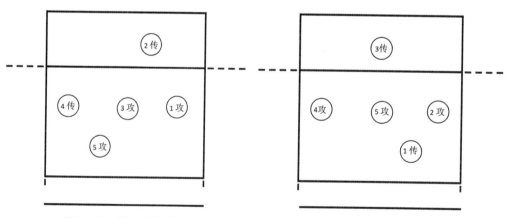

图 2 - 63　第二轮位置分配　　　　图 2 - 64　第三轮位置分配

第四轮：2 号位二传队员上提到网前中部附近组织进攻，由 1 号位队补 2 号位，与下撤的 4 号位、3 号位以及 5 号位队员形成 1 - 3 - 1 接发球阵型（见图 2 - 65）。

第五轮：4号位二传队员上提到网前中部附近组织进攻，由5号位队员补4号位，与下撤的2号位、3号位以及1号位队员形成1-3-1接发球阵型（见图2-66）。

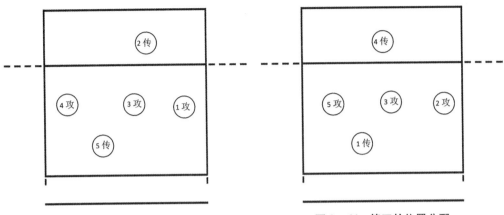

图2-65　第四轮位置分配　　　　　图2-66　第五轮位置分配

（2）接扣球的防守战术

接扣球的防守包括前排的拦网和后排的防守两部分。有效的拦网不仅能限制对方的进攻，还能直接阻挡对方的扣球，从而发挥进攻作用。后排防守则作为前排拦网的支撑，负责保护和补充拦网的不足，接住未被拦住的球并组织进攻。只有前后排队员的紧密配合，才能实现理想的防守效果。

①集体拦网：在个人拦网技术的基础上进行二、三人的协同拦网配合。

进行集体拦网配合时需要注意以下几点：要指定一名主拦队员，其他队员应配合主拦队员的行动，以避免各自为战。主拦队员需提前移动并准确定位，以便与队友协调配合；起跳时，队员之间要保持适当距离，并控制好身体重心，以防止相互撞击或干扰；拦网时，队员双手之间的间距应既能阻挡球的通过，又能形成最大的拦网面。

A. 双人拦网：双人拦网是集体拦网的主要形式。根据对方不同的进攻位置，双人拦网的具体分工也不同。

当对方从4号位组织进攻时，应以本方2号位队员为主，3号位队员协同配合，组成双人拦网；当对方从2号位组织进攻时，应以本方4号位队员为主，3号位队员进行协同配合双人拦网；当对方从3号位组织进攻时，应以本方3号位队员为主，4号位或2号位协同配合拦网。

B. 三人拦网：当对方进攻凶狠有力、吊球较少，或在某些轮次进攻异常顺利，采用双人拦网难以阻拦其进攻时，可以组织三人拦网。

在组织三人拦网时，一般应以中间队员为主，两侧队员协同配合拦网。有时根据对方进攻的特点，也可以2号位或4号位队员为主，另外两个队员协同配合拦网。采用三人拦网，加强了第一道防线，但增加了后排防守的困难，对组织反攻也有所不便。因此在比赛中应根据对方进攻的具体情况灵活采用。

拦网战术的变化：当对方进攻威力不大、路线变化不多时，一般多采用单人拦网；当对方进攻威力较大、打吊结合、战术灵活多变时，应积极组织双人拦网；当对方进攻凶狠有力、吊球较少时，可以灵活采用三人集体拦网。

示例一：人盯区拦网技术。前排拦网队员各负责一个区，无论对方采用何种进攻战术，本方仍然可以采用盯区拦网。

示例二：人盯人拦网技术。拦网队员各自负责对方进攻队员，无论对方跑向何处进攻，均由专人盯住他拦网。其优点是分工明确，以免造成无人拦网的局面。缺点是当对方采用战术攻时，容易造成跑位相互阻碍甚至是空网。①

②后排防守

后排防守作为防线的第二道屏障，是组织反攻策略的关键基础，直接影响得分的能力。此外，后排防守也反映了团队的精神风貌，有助于提升士气、增强信心并激发队员的斗志。

③无人拦网

在比赛中，面对对方频繁的战术变化，当本方的拦网失效且无人能拦网时，需要根据现场情况灵活调整位置，以尽可能防住来球。此时的站位方式类似于接发球的站位。

（3）无人拦网时的防守阵形及其变化

比赛中，由于对方战术多变，本方拦网受挫，有时会导致无人拦网。在这种情况下，只能根据临场变化灵活取位，力争把球防起。在对方扣球能力很弱或进攻时球离网很远的情况下，可以主动不拦网，以"中一二""边一二"或行进中"插上"进攻阵形布防。初学者在比赛中常以传球和垫球为进攻手段，可以不拦网，以加强防守力量。②

（4）接拦回球及其防守阵型

随着排球运动的发展，运动员的身高、拦网高度以及技巧水平不断提高，扣球被直接拦网或拦回的情况逐渐增加。因此，接拦回球的能力对比赛结果愈发重要。接拦回球被视为对本方进攻的一种保护，因此也被称为"保攻"。

①以前场为重点防拦回球的区域。接拦回球时采用低重心、上体相对直立的防守姿势。充分利用多种垫球、挡球技术动作，提高起球率。

②二传队员最了解本方的进攻点，应及时参与接拦回球。

③接拦回球时的起球弧度要高一点，以便组成有效的进攻。

---

① 谭洁. 气排球运动教程［M］. 长沙：湖南师范大学出版社，2017：84.
② 林森. 排球运动与教程［M］. 沈阳：辽宁大学出版社，2011：56.

④接拦回球时，应尽可能把球垫给二传队员，以便组织各种战术进攻。

（四）不同拦网情况下的防守阵型

1. 单人拦网下的防守阵型

（1）4 号位单人拦网下的防守阵型（见图 2 - 67）

对方 2 号位队员扣球，本方 4 号位队员拦网，3 号位队员防小斜线，5 号位队员防直线和防吊球，1 号位队员防直线后场区，2 号位队员防大斜线。

（2）2 号位单人拦网下的防守阵型（见图 2 - 68）

对方 4 号位队员扣球，本方 2 号位队员拦网，3 号位队员下撤防小斜线，1 号位队员跟进防吊球，4 号位队员防大斜线，5 号位队员防后场区。

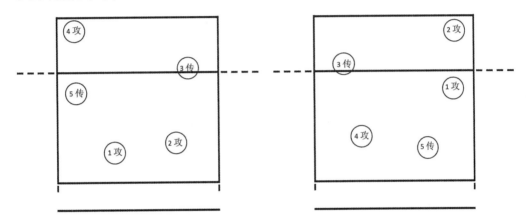

图 2 - 67 4 号位单人拦网下的防守阵型　　**图 2 - 68 2 号位单人拦网下的防守阵型**

（3）3 号位单人拦网下的防守阵型（见图 2 - 69）

对方 3 号位队员扣球，本方 3 号队员拦网，2 号位、4 号位队员下撤"双卡"防小斜线，1 号位队员防拦网队员身后的吊球，5 号位队员防后场区。

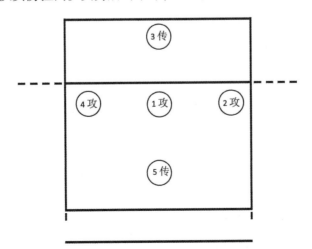

图 2 - 69 3 号位单人拦网下的防守阵型

2. 双人拦网

（1）2号位双人拦网下的防守阵型（见图2-70）

对方4号位队员扣球时，本方2号位、3号位队员拦网，4号位队员下撤防小斜线，1号位队员跟进防吊球，5号位队员防大斜线。

（2）3号位双人拦网下的防守阵型（见图2-71）

对方3号位队员扣球，本方2号位、3号位队员拦网，4号位、1号位队员下撤"双卡"防小斜线，5号位队员防后场区球。

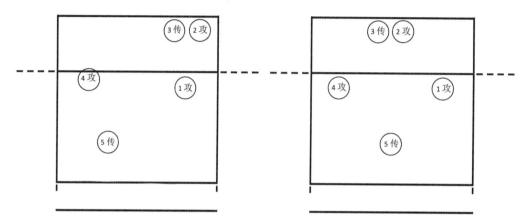

图2-70　2号位双人拦网下的防守阵型　　　图2-71　3号位双人拦网下的防守阵型

（3）4号位双人拦网下的防守阵型（见图2-72）

对方2号位队员扣球，本方4号位、3号位队员拦网，2号位队员下撤防小斜线，1号位队员防大斜线，5号位队员跟进防直线和吊球。

3. 三人拦网

（1）4号位三人拦网下的防守阵型（见图2-73）

对方2号位队员扣球时，本方4号位、3号位、2号位队员拦网，5号位队员下撤防直线，1号位队员防大斜线。

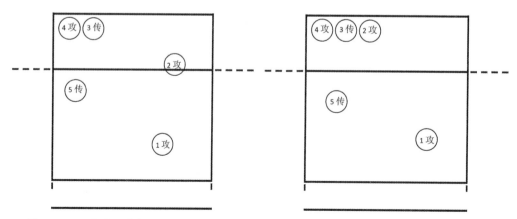

图2-72　4号位双人拦网下的防守阵型　　　图2-73　4号位三人拦网下的防守阵型

（2）3 号位三人拦网下的防守阵型（见图 2 - 74）

对方 3 号位队员扣球，本方 4 号位、3 号位、2 号位队员拦网，5 号位、1 号位队员下撤"双卡"防大斜线。

（3）2 号位三人拦网下的防守阵型（见图 2 - 75）

对方 4 号位队员扣球时，本方 4 号位、3 号位、2 号位队员拦网，5 号位队员防斜线区域，1 号位队员防直线和吊球区域。

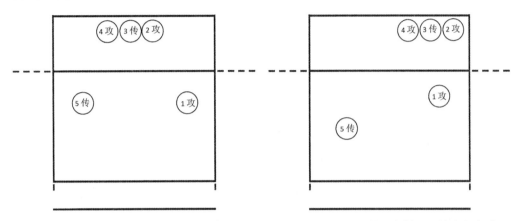

图 2 - 74　3 号位三人拦网下的防守阵型　　　图 2 - 75　2 号位三人拦网下的防守阵型

五、常见的练习方法与要求

战术教学必须在学生掌握一定基本技术的基础上进行，并使之学会基本攻、防战术的配合方法，在比赛中提高运用基本技术的能力，才能达到较熟练运用各种主要战术的目的。

（一）个人战术

1. 发球个人战术练习方法与要求①

（1）三发三接

甲组发球线后三人依次发球，乙组三人接发球，规定发球必须发场内。练习 10 次后，接发球队员交换位置一次。甲组发完 30 次以后，与乙组交换练习。教师做发球个人记录评选；将发球得分率减去失误率，高者为获胜方。

（2）两发两接

两人同时发球，一人发直线，一人发斜线；另一组两人，一个人接直线，一个人接斜线。只对发球做记录，发出场外或不过网为失误，发到中路不计数。每组发、接球 10 次，最后算总分。

---

① 谭洁. 气排球运动教程［M］. 长沙：湖南师范大学出版社，2017：106.

（3）发球计分法

两人发两人接，发球直接得分记 5 分、破攻计 4 分、对方调整攻计 3 分、对方半到位球（网附近）计 2 分、对方到位（进攻线附近）计 1 分、发球失误计零分，累积每人的总分。20 次后大组互换，教师记录得分。可采用每日计分或一周累计积分方法进行计分，按积分高低进行奖励。周累计分方式较有系统性和连贯性，使队员每次发球都必须注意抓质量，有意识去钻研发球技术，同时相应可促进一传技术的提高。

（4）集体发球法

三人一组，每人必须发 3 个性能好的球，由教师进行评定，一般球不计数，在完成三人 9 次性能好的发球过程中，若有一次失误则全组重新开始。此方式可锻炼队员实战中的心理，如对同伴发球失误的态度及自己应持的态度。教师在练习中发现队员出现不正常的情绪时，应予指出并帮助，但不能放松要求。

（5）准确性发球法

按队员自定的线路和落点，发 10 次或 20 次准确性很高的球，并要有一定的弧度、飘度等。或规定在一定发球次数中必须发多少次规定落点的球，超过限制次数则不算。

2. 一传个人战术练习方法与要求

（1）两人一组，教师发球，两个队员一垫一调整传球。这种方法在场地不足、无球时采用。每人按自己平时站位的距离假设到位的目标，每组练习 20 次交换，要求到位 15 次以上，由调整二传判断球是否到位。

（2）教师采用远距离的高台发球以增大接球的难度，并有目的地针对每个队员的弱点进行练习。这种方式可结合场地、球网进行，三人或四人一组，分直、斜线（场地两边可同时进行），每组接同样数量的球，统计到位球的次数。也可根据主力和替补队员的不同水平，进行主力与主力比赛、替补与替补比赛，或让队员进行发垫对抗赛。

（3）接发球进攻练习：三人一组，一人接发球，一人二传，一人扣球。10 次接发球中要求到位率为 70% 以上和扣球成功率为 60% 以上，如其中有任意一项完不成任务则需补课，补课内容可按本队需要提高的项目来决定，也可补扣球、拦网，一般不补一传为宜。转变一种项目以使其兴奋起来，达到一定的意外训练效果。

3. 二传个人战术练习方法与要求

（1）二传左右移动后传到位球练习。二传从 4 号位或 2 号位向 3 号位移动后，传高抛球或旋转球。每组 20 次，共 3~6 组。

（2）二传后排插上传到位球练习。从 1 号位或 5 号位向 3 号位移动后，传高抛球或旋转球。每组 20 次，共 3 ~ 6 组。

（3）小范围或大范围移动后传调整球练习。从网前向场内跑动到进攻线附近或后场区传高抛球或旋转球。每组 10 次，共 3 ~ 6 组。

（4）拦网后转身传到位球练习。先站在网前原地拦网 1 次，完成后转身接抛起来的到位球，每组 15 次好球，共 3 ~ 6 组。

（5）拦网后转身传调整球练习。先站在网前原地拦网 1 次，完成后转身接抛起在进攻线附近的调整球，每组 10 次好球，共 3 ~ 6 组。练习中要选择好人与球之间的位置关系。

4. 扣球个人战术练习方法与要求

（1）对墙连续扣反弹球练习。离墙 6 ~ 8 米，连续对地扣反弹球后，球落在墙上后反弹回来。这个练习主要提高手控制球的"球感"，但要注意要求队员的击球点保持在头部前上方的高度，同时要增强手掌对球上旋和侧旋的方位控制。

（2）对墙自抛自扣的转腕练习。离墙 6 ~ 8 米，直接对墙扣球或对地扣反弹球体会手腕转腕包球动作。

（3）对墙自抛自扣的转体练习。离墙 6 ~ 8 米，直接对墙扣球或对地扣反弹球体会转体挥臂击球动作。

（4）对墙扣目标区域的扣准练习。在离地面 1 米高度的墙上，画一直径为 50 厘米的圆圈，采用正确挥臂方法，自抛自扣，力争每扣必中。如果 10 次扣球能中 6 次以上，说明手控球有一定能力。初练可能只集中 2 ~ 3 次，逐步提高到 5 ~ 6 次。开始不要用全力，但不能用推打。为了提高兴趣可以采取比赛的方法。①

（5）低网转体、转腕扣球练习。降低球网到队员可以进行原地扣球练习高度，要求抛球后做转体或转腕的扣球，同时要求挥臂到高点击准、打满球，长线和短线、直线和斜线扣球可结合进行。

（6）上网连续扣球练习。进攻队员按照上步—起跳—扣球—撤步的顺序，扣出 10 个较高质量的球。每人 2 组，每组 10 个高质量扣球，直线和斜线、长线和短线结合进行。

（7）拦死一个进攻方位的扣球练习。用障碍物拦住直线或斜线进攻线路，进攻队员则需通过转体或转腕动作改变自身扣球线路。此练习后期可将防守变为单人或双人拦网形式。

——————————

① 谭洁. 气排球运动教程［M］. 长沙：湖南师范大学出版社，2017：107.

（8）防扣或吊球后接扣球练习。先进行一次防守，将球尽可能的防守到位，随后立即准备扣二传传出的球。

（9）拦网后下撤接扣球练习。先在负责的位置原地拦网 1 次，随后立即下撤到进攻线之后，准备扣二传传出的球。

（10）二次攻练习。在进攻线之后，对队友传、垫到进攻线附近的球，直接上步进行二次扣球。

5. 拦网个人战术练习方法与要求

（1）一人移动，一人跟防练习。两人一组，分别相对站在球网两侧，主动方变向、变速做移动后的拦网练习，被动方跟随主动方做拦网练习。要求被动方紧跟主动方。10 次一组，完成 3 组。若干次后互换角色。

（2）同（1），但网前左、右并步起跳拦网各 5 次一组，完成 3 组。

（3）从 2 号位开始做交叉步或并步拦网到 4 号位，又从 4 号位做回 2 号位，5 次一组，完成 3 组。

（4）两人一组，网前面对面站立，一名队员做直线、斜线或打手出界扣球，另一名队员做拦网或撤手练习，10 次一组，做 3 组。

（5）三名队员分别站在网前 2、3、4 号位，教师在网对面连续比划数字手势，对应位置的队员两人配合起跳拦网，10 次一组，做 3 组。

（6）队员按比赛位置站在球场两边，教师在场外抛球组织进攻，一方进攻，对方拦网。每轮 5 次，统计 5 轮拦死、拦起的次数。

6. 防守个人战术练习方法与要求

（1）快速变点练习。旨在提升队员的反应速度、判断能力和快速移动技巧。教师将球投向防守队员的不同方向和高度，要求队员迅速跑动，并以每球必争的态度完成动作。这种训练有助于提高队员的救球能力、脚步变换能力、重心调整以及补位能力。防守个人战术的练习应从简单到复杂，逐步通过抛球、投球以及扣球、吊球等方式扩大救球范围并增加防守难度。

（2）虚晃与多变动作。训练队员在改变重心后的防守能力，以扩大对球的控制范围。尤其是对移动能力较差的队员，要在快速移动中不断接到身体两侧的低位来球。

（3）一高一低的防守练习。侧重于训练重心升降、腰腹部的灵活性以及快速下蹲和起身的能力。针对高部位来球，使用各种挡球和扒球动作；而对低部位来球，则要求队员迅速跨步下蹲，将重心下降，采用插托球、捞球或脚垫球的方式进行防守。练习要保持动作的快速性，进行一高一低的连续转换练习。

（4）大数量防接球训练。提升队员的移动耐久性、意志品质和克服困难的精神，同时增强对球的感知能力。

（二）集体战术

1. 进攻战术的练习要求与方法

（1）教学要点

对于初学者，教学应专注于简单的进攻战术，比如强攻和快攻，以帮助他们熟悉站位、转位和位置交换。对于基础较好的学生，教学的难点在于如何将强攻、快攻和立体进攻有机结合，根据对方情况打出有效的战术球。这一阶段的重点是提升学生的战术应变能力和整体配合水平。

（2）教学步骤

先学习"中二传"进攻战术，然后学习"边二传"进攻战术，最后学习"插二传"进攻战术。在学习这三种进攻战术的同时，应结合学习相应的进攻配合，最后再逐步练习各种难度较大的进攻打法和复杂的战术配合。

①讲解与示范

a. 讲解：教师首先讲解进攻战术的名称及其特点，基本阵型及打法，不同位置的站位分工及职责。

b. 示范：采用沙盘、挂图或请 5 名学生现场实际演示等方法，让学生对进攻阵型建立直观的概念，然后在半场上按进攻战术的要求，进行不结合球的模仿站位与跑动路线练习，让学生初步体会和明确各位置的分工与配合方法。

②组织练习顺序

徒手模仿进攻战术站位练习；结合球在简单条件下练习；结合球在复杂条件下练习；比赛条件下巩固提高练习。

（3）练习方法

①"中二传"进攻战术的练习方法

a. 徒手模仿"中二传"进攻战术站位练习

教师让学生站在自己的半场上按"中二传"进攻阵型站位，然后进行不结合球的模仿跑动和轮转练习，了解各位置的分工与配合方法。

b. 结合球在简单条件下的练习

练习一：教师在 5 号位向 3 号位抛、传球，3 号位二传队员将球交替传给 4、2 号位队员扣球，扣球后相互交换位置。（见图 2 - 76）

练习二：场上 5 名学生站成"中二传"接发球站位阵型，教师从对区抛球，学生接发球练习"中二传"进攻战术。（见图 2 - 77）

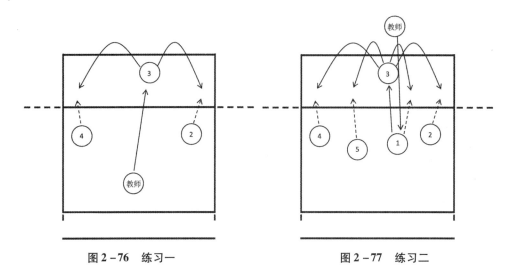

图 2 - 76 练习一   图 2 - 77 练习二

练习三：场上 5 名学生按"中一二二"或"中一三一"接发球站位，接教师从发球区抛球或下手、上手发球组织"中二传"进攻战术（见图 2 - 78）。

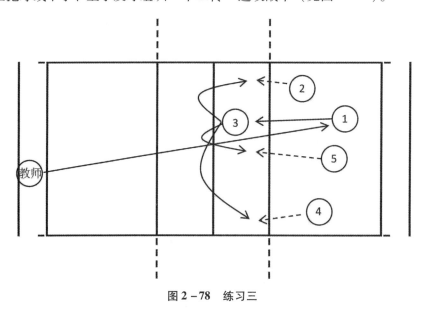

图 2 - 78 练习三

c. 结合球在复杂条件下的练习

练习一：场上 5 名队员按"中一三一"或"中一二二"接发球站位，接教师从发球区发来的上手球。学生接发球组织"中二传"进攻战术，但在进攻队员扣球时，要求附近队员跟进保护，以提高队员的保护意识。（见图 2 - 79）

练习二：方法同上。发球一方增加 1 名或 2 名拦网队员，给进攻一方增加网上的难度。（见图 2 - 80）

练习三：方法同上。但在接发球后，全队立即转入接拦回球进攻的练习。（见图 2 - 81）

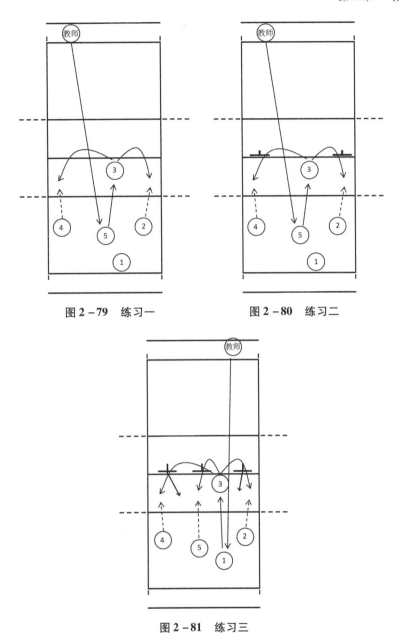

图 2－79 练习一　　　　图 2－80 练习二

图 2－81 练习三

d. 比赛条件下巩固提高练习

练习一：4 对 4 的接发球组织"中二传"进攻与防反练习。要求两边发球区有专人发球，甲方发球，乙方接发球组织进攻，甲方防守反击。反之乙方发球，甲方进攻乙方防守。（见图 2－82）

练习二：5 对 5 教学比赛，进行攻防对抗练习。教师在场外抛球给场上任一方队员，然后双方进行"中二传"进攻和防反练习。（见图 2－83）

练习三：方法同上。但防反一方可增加单人拦网，来增加进攻方的难度。

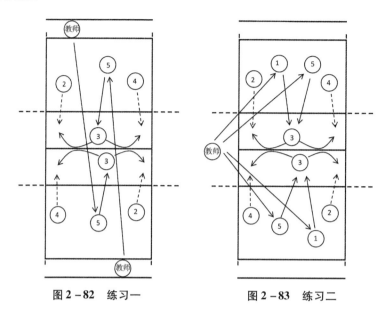

图 2 – 82 练习一   图 2 – 83 练习二

② "边二传"进攻战术的练习方法

a. 徒手模仿"边二传"进攻战术站位练习

教师让学生站在自己半场上按"边二传"进攻阵型站位，然后进行徒手的模仿跑动和轮转位置练习，熟悉"边二传"进攻战术各位置的跑动线路，分工及配合方法。

b. 结合球在简单条件下的练习

练习一：教师在 1 号位将球抛向 2 号位、3 号位之间二传的位置，2 号位、3 号位之间的二传队员把球传给 4 号位或 3 号位，分别由 4 号位或 3 号位的队员轮流扣 4 号位一般高球和 3 号位的半高球，进攻后相互交换位置（见图 2 – 84）。

练习二：学生分别站在 4 号位、3 号位准备扣球，由 3 号位队员将球传给 2 号位的二传队员，二传队员将球传给 4 号位或 3 号位的进攻队员扣球（见图 2 – 85）。

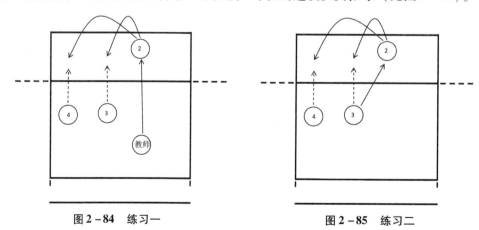

图 2 – 84 练习一   图 2 – 85 练习二

练习三：学生分别站在 4 号位、3 号位准备扣球，接教师从发球区或对方场区抛球或轻发球组织"边二传"进攻战术（见图 2 – 86）。

c. 结合球在复杂条件下的练习

练习一：场上 5 名队员按"边一三一"接发球站位，接起教师从发球区发来的球组织"边二传"进攻。

练习二：同练习一，发球一方增加拦网，给进攻方增加网上难度（见图 2 – 87）。

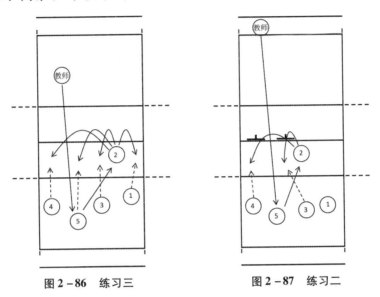

图 2 – 86　练习三　　　　　　　　图 2 – 87　练习二

练习三：方法同上。接发球"边二传"进攻后，立即进入接拦回球反攻练习。

d. 比赛条件下巩固提高练习

练习一：3 对 3 组织"边二传"进攻与防反练习。（见图 2 – 88）

练习二：5 对 5 进行"边二传"攻防对抗教学比赛练习。教师在场外随时向场内任一方抛球，然后双方进行攻防对抗练习。（见图 2 – 89）

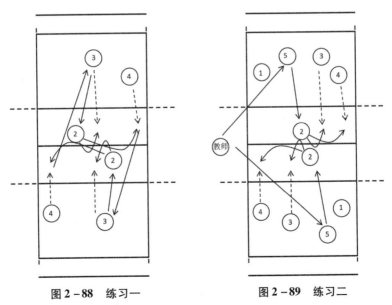

图 2 – 88　练习一　　　　　　　　图 2 – 89　练习二

练习三：方法同上。教师连续向一方发10次球后，再换向另一方连续发10次。教师每次发球后，学生要转动一次位置。通过5对5的对抗攻防练习，提高战术的运用能力。

2. 防守战术的练习要求与方法

防守战术主要包括接发球防守、接扣球防守、接拦回球防守和接传垫球防守。

（1）教学难点

对于初学者，防守战术的教学难点在于让学生根据本方拦网队员的位置做出正确的落位。通常情况下，初学者会使用双人拦网，其中一名队员负责防守对方的吊球，而其他三名队员各自负责防守一条线的扣球。对于已经具备一定基础的学生，防守战术的教学难点则在于综合考虑对方的扣球策略和本方的拦网情况，以实现准确的落位和及时的补位。

（2）教学顺序

①接发球防守：五人制先学习"中一三一"和"中二二"接发球的全队防守，然后学习"边一三一"和"边一二二"接发球的全队防守。四人制先学习"中一三"，然后学习"中二二"。

②接扣球防守：先学习单人拦网下的防守战术，再学习双人拦网下的防守战术，最后学习3人拦网下的防守战术。

③接拦回球防守：依次学习4人、3人、2人的接拦回球防守战术。

④接传垫球防守：根据对方采用传垫球时的情况和时机，依次学习4人、3人等接传垫球防守战术。

（3）教学步骤

①讲解与示范

a. 讲解：教师首先讲解防守战术的名称、特点，防守的基本阵型及跟进方法，队员的职责及相互间的配合，防守与反攻的衔接等。

b. 示范：运用挂图、沙盘或请5名学生现场实际演示等方法，使学生了解防守阵型的组成，每个防守位置的职责和防守队员之间的配合方法等。

②组织练习顺序

徒手模仿站位；无对抗条件下的练习；简单对抗条件下的练习；较激烈对抗条件下的练习；比赛条件下的练习。

（4）练习方法

①接发球防守练习方法

a. 徒手模仿站位练习：让5名学生在半场上按防守位置徒手站位，然后依次轮转5轮，练习时可以随时让学生说出自己的位置。

b. 结合球的练习：让5名学生在半场上按防守位置站位，教师在另一侧发球，学生接球并根据分工组织进攻。学生成功组织进攻3次后轮转一个位置，教师继续发球，学生练习。需要注意的是，为了有效地练习学生的防守站位，教师发球宜简单。

②接扣球防守练习方法

a. 徒手模仿站位练习：让 5 名学生在半场上按防守位置徒手站位，然后依次轮转 5 轮，使学生明确每一轮、每一个位置的分工和职责，能够根据对方和本方情况进行合理的取位。

b. 不拦网下的防守练习：教师隔网站在高台上扣球或吊球，学生在无人拦网的情况下进行防守和反攻练习。

c. 结合拦网的防守练习：教师隔网站在高台上扣球或吊球，学生单人或双人拦网。教师有意识地把球扣（吊）给 1 号位、2 号位、4 号位、5 号位的学生，学生防守后组织进攻。

③接拦回球防守练习方法

a. 徒手模仿站位练习：让 5 名学生在半场上根据对方和本方情况进行跟进落位练习。需要明确的是，所有参与进攻战术的学生都需要积极地选取位置接拦回球。

b. 结合球的练习：学生组织各种徒手的进攻战术，教师拿球轮流在 4 号位、3 号位和 2 号位隔网站在高台上模拟拦回球喂球，学生跟进保护并组织一次有球的进攻。

④接传垫球防守练习方法

a. 对方无攻时的站位练习：当对方的一传球失误，后场队员调整球至中、后场且无法组织进攻时，学生应练习快速后撤和换位。可以采用 5 人防守的方式，重点训练多点进攻战术的组织。

b. 对方垫球过网时的站位练习：当对方的垫球直接过网，前排队员来不及后撤时，后排队员负责防守。这时可以练习二次球进攻或组织多点快攻。

c. 对方有意识地传垫球过网时的站位练习：当对方有意将一传或二传的球突然传垫过网时，本方需在接扣球防守阵型基础上，积极补位防守对方的吊球。此时，充分发挥 4 号位或 3 号位队员的快攻配合，并保持高度警觉，准备随时防守对方的传垫吊球。

3. 攻防转换战术的练习要求与方法

（1）教学难点

攻防转换战术的核心是让学生在进攻和防守之间有效地串联和组织，因此，学生跑动路线和节奏的控制是教学与训练的重点，也是难点。教师要努力通过喂球来控制学生的攻防转换节奏，调整学生跑动路线。

（2）教学顺序

首先学习如何接对方的推攻球进行防守，并组织进攻；接下来，学习如何处理接发球时的防守和进攻组织；在此基础上，转而学习接扣球时的防守策略及进攻组织；最后，掌握如何接拦网回球进行防守并组织进攻。

（3）教学步骤

①讲解与示范

a. 讲解：教师首先讲解攻防转换战术是气排球四攻系统的综合运用，攻防转换能力是体现一个队整体水平高低的重要标志之一；再讲解攻防转换的节奏掌握，攻防衔接的熟练程度等。

b. 示范：运用沙盘或看录像等直观教具及学生现场演示方法，让学生了解攻防转换的节奏、时机，及全队的串联配合等。

②组织练习顺序

先局部后整体，由简到繁、由易到难地进行。如拦网练习时，先练习拦斜线，后练习拦直线；反攻扣球时，先练习扣斜线球，后练习扣直线球。

（4）练习方法

①调整传球和反攻练习方法

教师隔网站在高台上扣球，后排 2 名队员（或后排两名队员加前排 2 号位或 4 号位队员）进行各种线路的防守、调整传球和反攻练习。（见图 2－90）

②人盯人拦网练习方法

教师在后场抛球给二传队员，扣球队员在 4 号位、5 号位、2 号位跑动扣球，对方 2 号位、3 号位、4 号位队员人盯人拦网，后排队员进行防守反击。（见图 2－91）

③5 对 5 攻防转换练习方法

教师在场外抛球，一方接发球组织一攻，另一方拦网防守后组织反攻。成死球后，教师立即抛球继续进行攻防转换练习。（见图 2－92）

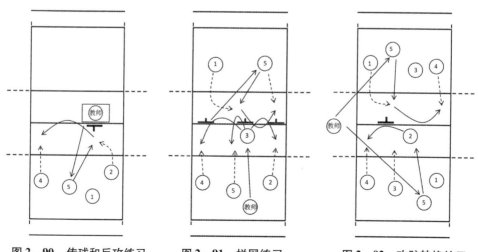

图 2－90　传球和反攻练习　　图 2－91　拦网练习　　图 2－92　攻防转换练习

（三）战术教学、练习中应注意的问题①

1. 战术教学与练习必须在掌握一定技术的基础上才能进行

技术是战术的基础，应先教技术，后教战术配合。随着各项技术水平的提高和熟练，逐步学习较复杂的战术配合，同时，通过战术配合的教学，反过来带动技术的提高。

2. 战术实质就是技术的运用

在练习技术时，就要贯穿着对战术意识的培养。掌握了一定的技术，将这些技术有机地串联起来，实际上就是战术配合。提高了个人战术意识，才能更好地发挥集体战术配合。

3. 进攻与反攻相结合

在战术教学中，应首先专注于进攻训练，然后再进行防守反攻的练习。将进攻与反攻有机结合起来，可以实现相互促进的效果。

4. 选好二传

在进行战术教学之前，首先需要选择合适的二传，并确定团队的阵容。根据学习者的技术特点，制定适合全队的进攻与防守策略，并逐步增加战术内容以提升团队整体水平。

5. 要由易到难

战术教学应按由浅入深的原则展开，逐步从简单到复杂、从易到难、从分解到整体的顺序进行。同时，要结合分项练习和综合训练。对于初学者，在掌握发球和垫球技能后，战术教学应以"中二传"进攻战术作为基础，并学习单人拦网下的防守战术。接下来，可以逐步学习"边二传"进攻战术和1号位的"插二传"进攻战术，最终掌握双人拦网下的"心跟进"和"边跟进"防守战术。

6. 练为战

在战术教学进行一定时间后，要多比赛，通过比赛来运用战术，检验战术的实效，并改进和提高战术质量。

---

① 黄汉升.球类运动——排球（第三版）[M].北京：高等教育出版社，2015：215-217.

第三章　气排球训练

第一节　基本功训练

一、步法训练

（一）准备姿势主要练习方法

1. 原地徒手模仿练习

当学生呈一排站立时，教师应站在队伍的前面，以便于观察和指导练习。当学生排列成两排或圆圈时，教师可以站在队伍中间，以方便示范和指挥练习。在练习过程中，学生应听从教师的哨声，按照指示集体模仿并准备好相应的姿势。

2. 一人原地徒手练习，另一人纠错

两人一组，一人做不同准备姿势，另一人进行观察并指出问题以及辅助纠正，若干次后两人互换。这种方式可以强化学生对正确技术动作要领的认识。

3. 击球前准备姿势练习

原地以放松的姿态活动，听到教师哨声信号后，学生立即做好准备姿势。

（二）移动步法主要练习方法

1. 原地模仿练习

学生呈一排或两排，教师在队前，背面或镜面示范。看教师手势做前、后、左、右的移动动作，可以是各种移动步法的模仿练习。注意练习间距，提示学生注意观察教师的手势，然后按照正确的方向移动。

两人模仿练习，两人一前一后，后面学生模仿前面学生做移动动作。进一步熟练移动步法。注意练习间距。

2. 两人跟动练习

两人一组，面对面，一人主动用各种步法向不同方向移动，另一人紧跟其做变方向移动。保持适当的练习距离。

3. 行进间接抛球练习

两人为一组，一人抛球，另外一人移动接住球后抛回给同伴。

二、手法训练

（一）垫球练习

1. 正面双手垫球练习方法

（1）两人一组，垫固定球练习；

（2）两人一组，一抛一垫练习；

（3）一人一球，自抛自垫练习；

（4）一人一球，对墙连续垫球练习。

2. 体侧双手垫球练习方法

（1）两人一组，一人抛球，一人体侧垫轻球练习；

（2）两人一组，一人扔球，一人体侧垫平冲球练习；

（3）两人一组，一人扣球，一人体侧垫大力球练习；

（4）两人一组，一人对墙扣球，一人体侧垫扣球练习。

3. 捧球练习方法

（1）每人一球，连续自抛自捧，规定高度和每组完成的次数；

（2）两人一组，相距3~4米，一个人抛有弧度的球，另一个人做捧球练习，适时交换；

（3）面对墙一米持球站立，利用墙体反弹做双手捧球练习；

（4）两人一组，相距3~4米，相互连续捧球练习；

（5）教师在3号位抛高弧度球，队员成两路纵队在1号位、5号位轮流向3号位做捧球练习；

（6）教师隔网高台扔球，队员在1号位、5号位成两路纵队轮流向2号位、4号位做捧球练习；

（7）教师在端线向2号位抛球，队员由3号位向2号位移动，利用捧球技术将球送到对角的4号位上，亦可反之进行练习，也可结合扣球练习；

（8）两人一组，相距3~6米，一个人掷低于腹下的平球，另一个人做双手捧球练习，适时交换；

（9）两人一组，相距3~6米，一个人扣打，另一个人做双手捧球练习，适时交换。

4. 捞球练习方法

（1）两人一组，相距5米，一个人抛低弧度的球，另一个人做单手捞球练习，适时交换；

（2）教师在 3 号位抛低平弧度球，队员成两路纵队在 1 号位、5 号位轮流向 3 号位做单手捞球动作练习；

（3）教师隔网扔球，队员在 1 号位、5 号位成两路纵队轮流向 2 号位、4 号位做单手捞球练习；

（4）教师隔网高台扔球，队员在端线中部成一路纵队轮流向 3 号位做单手捞球练习；

（5）教师向场外抛球，队员随球移动，利用单手捞球技术将球救回；

（6）拦网后转身用单手捞球技术接吊球。

5. 插托球练习方法

（1）面对墙一米持球站立，利用墙体反弹做连续插托球练习；

（2）面对球网 0.5 米持球站立，利用球网反弹做连续插托球练习；

（3）两人一组，相距 3 米，一个人抛有弧度的球，另一个人做插托球练习，适时交换；

（4）两人一组，相距 6 米，一个人掷低平球，另一人做插托球练习，适时交换；

（5）教师在 2 号位或 4 号位隔网高台扔球，队员在 1 号位或 5 号位成一路纵队轮流向 3 号位做插托球练习；

（6）教师在 2 号位或 4 号位扣打，队员在 1 号位或 5 号位成一路纵队向 3 号位轮流做插托球练习；

（7）教师在 2 号位或 4 号位隔网高台扣打，队员在 1 号位或 5 号位成一路纵队向 3 号位轮流做插托球练习；

（8）一发两接练习，一个人发大力球，两个人利用插托球技术接发球，可制定指标，考核完成率。

（二）传球练习

1. 初步掌握正面传球技术动作的练习方法

（1）徒手模仿传球

练习目的：初步体会传球的完整动作，包括手型，全身协调发力动作等。

组织形式：体操队形，全体学生做好准备姿势，摆好传球手型，蹬地、伸臂，模仿传球动作，领悟动作过程；学生两两相对站立，一人练习，一人观察纠错。

练习要求：保证每个学生的练习空间；先进行手型的模仿练习，然后再进行全身动作的模仿练习，以保证学生能集中注意力在一个动作上，强调伸臂传球后手型保持正确，要求学生注意全身的协调动作，动作必须连贯。[①]

---

① 黄汉升. 球类运动——排球（第三版）［M］. 北京：高等教育出版社，2015：196.

（2）持球练习

练习目的：进一步巩固传球的手型和击球点。

组织形式：两人一组，一人持球按照传球的击球点与手型，摆在额前，然后另一人将球拿掉，看手型是否正确，击球点位置是否合适。两人一组轮流练习。

练习要求：保证学生的练习空间，强调持球时掌根不可触球，拇指的位置要正确。

（3）传固定球

练习目的：巩固传球手型和击球点，重点体会手指的触球部位和全身协调发力。

组织形式：两人一组，一人用单手压住球，练习者用传球动作向上传送球，体会十指的触球部位和全身协调用力。一定次数后两人交换。

练习要求：教师需不断强调并及时纠正学生在触球时手指的位置、身体的基本姿势及全身协调发力的重要性。每组练习的次数应适中，避免过多。对于压球的学生，应适度增加练习中的用力，使对方能更好地张开手指并体验触球部位，而传球的学生则要认真体会手指的触球位置，同时保持正确的传球姿势。

（4）贴墙传球

练习目的：强化传球手型、肘关节的位置和击球点。

组织形式：两人一组，轮流练习。靠近墙站立，用传球手型拿好球，进行传球。

练习要求：教师应首先示范练习方法，并强调手指和手腕的动作幅度要小。此外，需确保练习时有足够的空间。教师还需检查每位学生的肘部位置是否合适，以及手指是否正确触球。同时，鼓励学生相互观察、学习和纠正彼此的动作。

（5）自抛自接球

练习目的：进一步固定传球手型，找准击球点，调整人球关系。

组织形式：每人一球，或两人一球轮流练习。自己向上将球抛起，再用正确的传球手型在额上方把球接住。

练习要求：强调手型、触球部位和击球点要正确。要求等球落在正确的击球点再接球，接住球后检查手型、触球部位和击球点。

（6）对地连续传球

练习目的：进一步巩固传球手型，体会肘关节屈伸动作，增加练习的兴趣。

组织形式：两人一组，轮流练习。学生半蹲或稍蹲姿势站立，两肘关节放松，对地连续传球。一定次数后两人交换。

练习要求：教师在示范练习时，重点突出传球时手型的正确性，确保手指张开并充分接触球。学生专注于体会手型、手指触球部位及肘关节屈伸动作。

（7）自抛后传球

练习目的：重点体会手指、手腕弹击球的发力，其次是手臂和腿的协调发力。

纠正传球手型和击球点。

组织形式：两人一组，相距 3 米，自抛后将球传给同伴，同伴接住球后进行同样的练习（也可一人一球，对墙自抛传球）。近距离体会手指手腕的发力，中远距离体会全身的协调发力，练习的目的不同，选择的距离不同。

练习要求：教师应准确演示练习方法和传球弧度，同时掌握两人之间的练习距离，并提醒学生保持适中的传球弧度。教师需要及时纠正学生在传球手型、击球点和发力方面的错误动作，并解释击球点如何影响传球弧度。对学生的要求包括：保持规定的练习距离，确保传球弧度适当，注意体会发力动作，并相互帮助纠正传球手型和击球点。

（8）传抛球

练习目的：体会连贯的迎球和击球动作，初步掌握完整的传球动作，学习移动找球。

组织形式：两人一组，相距 3 米左右。一人抛球，一人传球。8～10 次交换练习。

练习要求：教师应首先演示抛球的方法，并说明抛球的弧度和距离要求，同时解释抛球配合练习的重要性。接着，教师示范迎球和传球的技巧，并安排学生的练习间距。对于抛球有困难的学生，教师应提供额外的指导。学生需要认真进行抛球练习，尽量将球抛至指定位置，以便进行有效的配合练习。此外，学生还需保持适当的练习距离，互相监督传球弧度，并注意全身协调发力。

（9）两人连续对传球

练习目的：逐步提高技术的熟练程度，提高练习的积极性，培养配合意识。

组织形式：两人相距 3 米左右，连续对传。不计连续的次数，球不合适时将球接住重新开始。

练习要求：教师应强调使用正确的传球动作进行练习，但初期不急于纠正学生的动作细节，先让学生能够连续传球。对于无法完成连续传球的学生，教师应带领他们进行额外练习，帮助他们体验连续传球的感觉，从而提高练习的兴趣和信心。学生需要注意控制两人之间的传球距离，保持传球弧度合适，并相互鼓励与支持。

2. 巩固提高传球技术的练习方法

（1）自抛传球进篮筐

练习目的：改进传球的发力方向，提高全身发力的协调性以及传球的准确性。

组织形式：根据篮筐数量，将学生分成若干组。距篮筐 3～5 米处，或在罚球线处，或在 3 分球线处，自抛将球传进篮筐。可以比赛各组传进篮筐的次数，或个人传进篮筐的次数。

练习要求：教师要讲解出手角度与弧度的关系。若篮筐少，可以在篮筐的左右两侧安排两组学生进行练习，提醒学生注意别被反弹球砸到。练习的距离根据学生的水平以及练习目的而定。对学生的要求，充分蹬腿伸臂传球；学会根据不同传球目标调整传球的出手角度和发力大小。①

（2）原地自传低球

练习目的：强化正确手型，体会手指手腕的弹击球动作，提高手指手腕的控制球能力。

组织形式：全场散开，每人一球，或两人一球轮流练习。原地向上连续传球，传球高度20～30厘米。30次一组，尽量一次完成，比谁失误的次数最少。

练习要求：教师要很好地示范手指手腕缓冲、击球的动作，并讲解正确的击球点和动作要领。强调击球点和手型保持正确，膝关节、肘关节轻微屈伸，以便协助控制球。要求学生手指手腕放松，手指触球充分，屈膝屈肘轻微发力。

（3）原地自传高、低球

练习目的：更好地体会手指手腕的缓冲、发力和全身的协调用力，提高手指手腕的控制球能力。

组织形式：同上队形，连续自传30厘米高的球一组；连续自传1米高的球一组；连续自传一高（2米）一低（0.5米）的球一组。每组30次。三组轮换进行。做2～3个循环。

练习要求：教师在示范练习方法时讲解如何缓冲传出低球，如何发力传出高球，用什么步法调整位置找好击球点，保证足够的练习空间。对学生的要求，掌心向上，手指控制好球，尽量使球垂直上下，两脚随时移动找好击球点。

（三）扣球练习

1. 助跑起跳练习

（1）原地双脚起跳练习：全体学习者听教师口令练习原地起跳技术。要求双脚蹬地力猛快速，两手臂配合画弧摆动起跳，扣球手臂顺势上举、后引，抬头、挺胸、展腹，身体呈反弓形，落地时由双脚前脚掌过渡到全脚着地，屈膝缓冲。

（2）一步或两步助跑起跳练习：集体听教师口令做一步或两步助跑起跳。要求练习速度由慢到快，手脚配合协调，注意控制身体平衡。

（3）学习者分别站在进攻线后，听教师口令向网前做两步助跑起跳练习，在此基础上再学习多步助跑、变方向助跑和跑动中即时起跳。要求学习者注意助跑起跳的节奏和起跳点位置的选择。

---

① 孙平. 现代排球技战术教学法 ［M］. 北京：北京体育大学出版社，2008：38.

2. 扣球挥臂动作的击球方法和练习

（1）徒手模仿扣球挥臂练习：按规定的队形听教师口令做挥臂练习。

要求挥臂放松自然，弧形挥动，有鞭甩动作。

（2）扣固定球练习：扣吊球；或两人一组，一人双手持球高举，另一人原地扣固定球；或自己左手举球，右手做挥臂击球练习。

要求击球时全掌包满球，做快速鞭打动作。

（3）自抛自扣练习：每人一球，距墙5米左右先抛一次扣一次，然后连续对墙扣反弹球，或两人相距6~7米对扣，也可在低网上自抛自扣等。

要求击球力量不宜过大，动作放松。手腕有推压鞭甩动作，使击出的球呈上旋飞行。

（4）扣抛球练习：两人或多人一组，一人站在距墙5米处抛球，另一人或多人依次对墙扣抛球。在低网前的一抛一扣练习，或在低网前轮流扣教师的抛球练习。

要求抛球距离有近有远，弧度由低到高，扣球者选好起跳点，保持好击球点，由上向下挥臂击球。

3. 完整扣球练习

（1）扣球练习：扣球者每人一球，先将球传给前排中间队员，再由前排中间队员把球抛或传给扣球人，扣球者上步助跑起跳扣球。

要求掌握好上步起跳时机，在空中保持好人与球网的位置关系。

（2）结合一传的扣球练习：接对方发的轻球，垫给二传，然后二传把球传给扣球人，由扣球队员助跑起跳扣球。

要求以中等力量扣球，注意正确的挥臂击球手法，选好击球点，防止触网或过中线犯规。

（四）发球练习

1. 抛球练习

（1）队员间隔2米，面对教师站在场地内，在同一口令下做抛球练习；

（2）队员两人一组做抛球练习，相互检查、纠错。

2. 击球练习

（1）半场击球练习，体会击球手法、击球部位；

（2）发球区发球，在体会击球手法、击球部位的基础上，重点体会击球力量；

（3）固定抛球高度、击球手法、击球部位、击球力量、发球距离下的发球练习；

（4）巩固发球技术动作，提高发球质量练习；

（5）规定1项发球技术动作练习，每10次为一组；

（6）每人连续完成5次发球，失误一个扣除一个，直到成功5次为止；

（7）发准练习，将场地分为两个半区，每区内发 5 个球，检验成功率。

3. 结合实战练习

（1）个人发球，三个人接发球，10 个球为一组，检验发球成功率、破攻率和得分率；

（2）教学比赛，计算每局个人发球的成功率、破攻率和得分率。

要求：

①发球技术练习应遵循由易到难、由简到繁、循序渐进的原则，在练习安排上通常是先练习下手发球，再练习上手发球，再练习飘球，最后练习勾手大力发球和跳发球技术；

②练习中要抓住抛球和击球这两个关键动作，因为抛球是前提，击球是重点，抓住抛球和击球这两个关键环节，强调抛球要平稳，挥臂动作迅速协调，击球时机和部位要准确；

③在发飘球练习中，首先要明确飘球的原理，让练习者能主动思考发飘球的动作方法，体会击球用力的方向、手法和击球的部位；

④一般将发球练习安排在两个大运动量练习之间或练习课的结束前进行；

⑤在练习中要做到五固定，即"站位与距离固定""抛球高度固定""击球部位固定""击球手法固定""击球力量固定"。

（五）拦网练习

1. 网前徒手练习

（1）队员面对球网按 2 号位、3 号位、4 号位在网前站位，在教师的口令下做原地拦网手型练习；

（2）队员面对球网按 2 号位、3 号位、4 号位在网前站位，在教师的口令下做原地起跳拦网练习；

（3）队员两人一组位于网柱一侧隔网站立，沿中线向另一端做滑步或交叉步移动拦网练习；

（4）队员两人一组位于网柱一侧成双人拦网站位，运用滑步向另一端做移动，依次做 2 号位、3 号位、4 号位双人拦网练习；

（5）2 号位、4 号位各一名队员网前拦网准备，3 号位队员站成一路纵队，3 号位队员做一次拦网后，迅速运用交叉步向 2 号位移动，与 2 号位队员一起做集体拦网，落地由 3 号位移动队员站到 2 号位上，原 2 号位队员退到 3 号位队尾。另一侧在此进行练习；

（6）两名队员隔网站立，一名队员做徒手跑动扣球，另一名队员做相应拦网动作。

2. 结合球练习拦网

（1）教师在高台扣球，朝拦网者的手上打，要求拦网者注意体会手型及手感；

（2）两人一组，一个人自抛自扣，一个人拦网，朝拦网者手上扣，要求拦网者注意体会手型、手感并掌握好起跳时机；

（3）一组队员做扣球练习，另一组队员做拦网练习，相互对抗。

3. 不同扣球路线的拦网手型变换练习

（1）教师在高台扣球，明确扣球路线，要求拦网者注意体会拦不同路线时的手型变化；

（2）两人一组，一人自抛自扣，一人拦网；

（3）规定扣球路线的一般扣球下的单人拦网练习。

4. 判断扣球路线的拦网练习

（1）两人一组，一个人自抛自扣，一个人拦网，扣球可任意变换路线；

（2）一般扣球练习加单人拦网。

5. 提高拦网者移动脚步能力的练习

（1）教师隔网向两边抛球过网，要求队员移动后垂直起跳拦网；

（2）教师根据练习者的水平控制抛球的密度和两球之间的距离。

6. 双人移动后配合拦网练习

（1）一组4号位扣球，另一组2号位、3号位做网前拦网准备，待对方向4号位传球时，及时向2号位移动，与2号位拦网队员一起形成双人拦网；

（2）3号位队员单人拦对方快球一次，立即向2号位或4号位移动，与主拦网队员组成双人拦对方的强攻扣球。

7. 三人拦网练习

（1）以3号位队员网前中间站位，2号位、4号位队员在3号位左右，在相距1米处取位，随着教师口令，同时向2号位、4号位做移动拦网；

（2）利用对方2号位、3号位、4号位扣球做移动拦网。

练习要求：

①在拦网的教学中，应该以学习单人拦网技术为主，重点抓好拦网的判断、取位、起跳、伸臂、手型、拦击动作；

②在熟练掌握单人拦网技术的基础上，学习集体拦网中主拦网与副拦网的分工、移动取位、拦网手法等相互配合技术；

③要增多结合扣球的拦网练习和防守反击的练习，使拦网、保护、防守及反攻扣球等技术相互串联和衔接，以提高拦网的实战效果。

三、专位训练

（一）二传训练

1. 二传基本功训练的内容包括手、脚、腰、视野、意识等几个主要方面

（1）手的基本功：指气排球二传队员在传球时对球的感应和控制能力。主要体现在手指和手腕的翻腕、压腕，以及手指弹球等动作的熟练程度和发力能力上。

（2）脚的基本功：指气排球二传队员在网前或向各方向移动时的能力，包括起动速度、突然制动、重心调整，以及迅速改变方向的能力。这表现为在"蹬地、起跳、转身、变向、制动和稳定卡位"等技巧上的熟练程度和爆发力。

（3）腰的基本功：指气排球二传队员对身体平衡和重心转移的控制能力，以及协调发力的能力。表现为在传球时，收腹、转身、移动和伸展等动作的熟练程度。

（4）视野的基本功：指气排球二传队员应具备开阔的视野，能够利用余光及时观察场上队员的位置和行动，从而做出准确的判断，采取合适的行动。

（5）意识的基本功：指气排球二传队员能够将观察到的情况准确反映到大脑中，通过分析场上人、球、球网及相互间的空间和时间关系，及时作出正确判断，并迅速采取合理的技术动作以争取比赛主动权。

这五个方面是气排球二传技术的基本功，并且具有共性。它们之间的关系是：手为关键，脚为基础，腰为枢纽，视野为向导，而意识为灵魂。它们相互作用、相互影响。因此，气排球二传的基本功训练需要在手、脚、腰、视野和意识等多个方面高度统一。

2. 气排球二传队员手的基本功训练方法

（1）加强手腕手指弹力的练习：熟悉球性，提高手腕手指弹力，灵敏性和活动幅度。

要求：传球时，手腕手指要主动去弹击来球，并配合全身的协调动作，力求做到轻松协调和富有弹性。

练习方法：

①对墙传球：距离 3~5 米，连续自传，定时或定数。

②传高远球：两人一组，相距 8~9 米，传高传远。

③传平球：两人一组，相距 7 米以上，互传平而快的追胸球。

（2）加强控制球能力的练习：熟悉球性，提高手指手腕的感觉能力和对球的控制能力。要求：传球时要十指都接触到球体，将球"包住"，并体会各种不同传球的用力动作。

练习方法：

①自传后对传：两人一组，先头上自传一次，再传给对方。

②自传后对墙传：一人先头上自传一次，再对墙连续传出。

③连续自传：一人连续在头上自传。

④自传后背传：两人一组，先头上自传一次，再向左或右转体180°用背传方法传出。

⑤自传后侧传：两人一组，头上自传一次后，向左或右转体90°利用侧传方法传给对方。

⑥自传后跳传：两人一组，原地自传，再跳传给对方。

3. 气排球二传队员脚的基本功训练方法

（1）移动中脚步的练习：提高脚步动作速率和控制身体重心的能力。

要求：在改变运动方向和调整身体重心时，应专注于转身过程中的制动和起动动作，这包括脚部的蹬踏和地面的摩擦，以及髋关节的转动。

练习方法：

①在前场区内，从2号位向3号位和4号位快速移动，随后从4号位置转身返回至3号位和2号位位置。在2号位、3号位、4号位时，可结合传快球和高远球、背传球技术做1次徒手动作。

②在前场区内，从2号位置出发，向场内1号位和5号位方向移动。在到达1号位后转身向4号位完成1次传球动作，继续移动到5号位后转身向2号位完成1次传球动作。

（2）移动中手和脚的配合：提升手和脚动作的协调性，增强脚步移动速率与传球的稳定性。

要求：运动员需根据对来球方向的判断，运用快速小步、交叉步和滑动步等步法，迅速反应，敏捷移动，并确保对正面飞来的球进行精准传球。

练习方法：

①在网前沿球网移动自传球。

②两人一组，平行移动互传球。

③高低球交替传：两名队员成对练习，一名队员固定在球网前进行抛球，另一名队员需对其发出的一个前区低平球和一个后区高远球做出反应，进行相应的移动和传球。

④端线和球网间两人往返移动传球：两名运动员在端线上相距3~5米站立，移动传球至球网再返回到端线。

⑤模拟拦网转身传：教师在场地后方抛球，运动员在网前模拟拦网动作后，迅速转身并直接传出各种来球。

⑥后排向前插上传：教师在场地后方抛球，运动员从后排位置向前插上至前排，

并向特定队员传球。

4. 气排球二传队员腰的基本功训练方法

除了将腰部基础训练与各类技术动作训练相结合外，还有以下一些训练方法。

目的：提高腰、胯的灵活性。

练习方法：

（1）横向重心转移：站立时双脚与肩同宽，膝盖微弯，降低身体重心，保持双脚位置固定，大幅度地将重心在左右方向上移动。

（2）纵向重心转移：站立时一脚在前一脚在后，降低身体重心，不移动脚步，仅在原地进行前后方向的重心移动。

（3）网上跳跃传球：队员位于网边的2号位，教师在后方将球抛向3号位的网上边缘，队员在沿网跑动的同时起跳并转身，将球传回给教师。执行时需展示反弓姿势。

5. 气排球二传队员视野的基本功训练方法

目的：扩大视野范围。

要求：除了达到视野训练的基本技能标准外，所有涉及移动的训练都需严格遵循脚部基本技能的标准来执行脚部动作。在传球训练中，同样需要达到手部基本技能的标准。此外，还要特别强调腰部力量训练的重要性。

练习方法：

（1）甲乙两人相隔5~8米进行相互传球，每次传球前需观察并立即报出旁边教师通过手势展示的数字，以此培养队员在传球过程中既专注于球，又能留意周围环境的能力。

（2）在墙面上标记特定点：甲乙两人面对墙面传球，利用余光来识别墙面上的标记，进行多样化的传球训练。

（3）甲距离墙面3~5米处对墙传球，乙位于甲的侧前方。在甲向墙面传球前，乙发出信号，甲通过余光观察并根据乙的指示调整传球的弧度。例如，若乙向甲靠近或做出动作，甲应传高球；若乙向远离甲的方向移动或做出动作，甲应先自传一次再传球；若乙保持静止，甲则进行平直传球。

（4）三角形传球练习：甲、乙、丙三人根据信号进行定位和传球，传递不同弧度的球。例如，举手伸出一个手指表示需要传高弧度球，伸出两个手指则表示先自传一次再传球。当甲向乙抛球时，丙发出手势，乙需根据丙的指示决定将球传给丙。这种练习有助于提高传球者在关注来球的同时，对场上其他方向的动态保持警觉。

6. 气排球二传队员意识的基本功训练方法

意识是技术训练中不可或缺的基础要素，它不应与技术训练分离，而是应融入其中。意识训练的深度和广度可以根据训练目标的不同而有所调整，有时甚至可以成为训练的重点。

例如，在练习传球技术时，除了提高手部控制球的能力以降低失误率外，还应在意识层面上至少确保球能传到合适的位置，以便于主攻手进行扣球。这就需要在短时间内考虑球的投掷角度和最高点位置等因素。如果战术要求是斜线扣球，那么传球者还需要决定是传拉开球，还是集中球。因此，即使训练的焦点是手部控球技术，意识训练也应与之并行，并且随着技术的提升而不断提升。

意识训练在很大程度上依赖于运动员自身的思考和努力，但教师在训练过程中的指导作用同样至关重要。运动员不仅要掌握技术，还要学会如何应用这些技术，确保二传队员在技术训练中目标明确，并在对抗性训练中展现出预见性和判断力，以及在配合训练中表现出主动性和协调性。

（二）攻手训练

1. 转体扣球

在起跳后或击球时，通过调整躯干与球网角度进行的扣球，称为转体扣球。转体扣球的动作与正面扣球相似，区别在于击球点是在身体的左侧前方。在击球动作时，需要在空中通过向左转体和收腹动作来带动手臂向左挥动，利用全掌击打球的右上方部分，以此来调整扣球的飞行轨迹。

另一种转体扣球技术是在助跑和起跳前的制动阶段就已经完成了身体的转动。这种技术通常用于向右侧的体转扣球，其隐蔽性和突然性不如空中转体扣球。

2. 转腕扣球

在扣球时，运动员通过肩部、前臂和手腕的快速转动来改变球的飞行轨迹，这种技术称为转腕扣球。[①]

（1）外转腕扣球。在执行扣球动作时，起跳与正面扣球无异，但击球点需位于右肩的前上方。扣球时，右肩需上提并轻微右转，前臂向外转动，手腕向右转并迅速甩动，同时身体和头部向左倾斜，用全掌击打球的左上侧，扣球时需伸直肘部以增加挥臂速度。这种扣球技术适用于前排中间及靠左的位置。

（2）内转腕扣球。在扣球时，击球点应位于头部的左前方，前臂向内转动，手腕向左甩动，用全掌击打球的右上侧。这种扣球技术主要用于 2 号位和 3 号位的斜线扣球。

3. 打手出界

打手出界是指扣球队员有意地使扣出的球触及拦网队员的手后飞出界外的扣

---

① 黎禾. 排球训练教程［M］. 北京：高等教育出版社，2008：35.

球方法。当球传至标志杆附近时，4 号位和 2 号位的队员可以在击球瞬间采用内转或外转腕的动作，击打球的后上侧，使球触碰拦网者的手后飞出界外。当球传至 3 号位靠近网的上空时，也可以使用转体或转腕动作，向两侧挥臂击球，以造成触手出界。

此外，对于远离网的球，也可以采用触手出界的方法。除了瞄准拦网者手外侧的部位击球外，还可以将球扣在拦网者指尖上，使其出界。在执行这种扣球时，运动员需要瞄准拦网者指尖部位，用力向远处击出平直球，使球在触碰对方手指后飞向端线外。

4. 超手扣球

超手扣球是指利用自己的身高和弹跳优势，将球从拦网者手的上空击入对方场区的一种扣球方法。在执行扣球时，运动员应充分利用助跑和起跳来增加跳跃高度，并保持较高的击球点。通过收胸动作来带动挥臂。在击球时，肩部应尽量上提，手臂向上充分伸直，并利用小臂的加速挥动和甩腕动作，在右肩前上方，用全掌击打球的后中上部，使球从拦网者手上方以上升旋转的轨迹飞出。①

（三）发球手训练

1. 变换发球的性能

（1）发力量大、速度快、弧度低平的旋转球；

（2）交替发轻飘球和重飘球。

2. 控制发球的落点

（1）发球至对方队员间的空隙、场地边缘或靠近底线的位置；

（2）发球至对方进攻队员的前方、后方、左侧或右侧；

（3）将球发至对方二传的位置，或其移动路径上；

（4）发球给接球技术不佳、情绪不稳定、注意力不集中或新上场的队员。

3. 改变发球的方法

（1）调整发球站位：发球者可选择在底线的不同距离或发球区的左侧或右侧发球；

（2）调整发球轨迹：发球时可通过增加上旋、左旋或右旋来改变球的飞行轨迹，也可以尝试高吊发球。

（3）调整发球节奏

①可采用高点击球、靠近网的快速飘球或跳发球技术；

②也可以选择高弧线、慢速的发球方式。

---

① 黎禾．排球训练教程［M］．北京：高等教育出版社，2008：36．

（4）根据比赛情况灵活变换发球策略，以提高攻击性和准确性①

①在得分困难、比分落后或面对对方强势进攻时，可采取更具攻击性的发球策略来扭转局势；

②在比分领先时，可以使用更有威力的发球来巩固优势；

③连续发球失误或对方调整阵容后，应注重发球的准确性，避免给对方机会；

④在比赛的关键时刻，更应注重发球的准确性，减少不必要的失误。

（四）拦网专项训练

1. 拦强攻扣球

强攻扣球以其高击球点、强大力量和多变路线著称。在竞技中，常通过双（或三）人拦网来防御此类扣球。在防守强攻扣球时，拦网者需缓慢起跳以最大化利用其跳跃高度，尽可能将手臂延伸至对方场地上空，以拓宽拦网的有效范围。

（1）防守中心球

中心球的击球点通常位于标志杆内侧一定范围内。在防守中心球的近网和远网球时，拦网者应优先考虑拦截斜线球，同时留意直线球的可能，一旦对方调整扣球方向，立即调整拦网手法。

（2）防守分散球

分散球的击球点多位于标志杆附近上空，此时应尽量实施团队拦网。若球落在标志杆附近，主要防守斜线和小斜线球。若球落在标志杆内侧，外侧拦网者应防守直线球，在接触球的瞬间，外侧手腕应向内转动，以避免球触手出界。

2. 拦快球

快球有多种类型，但近体快球和短平快球是最基础和最具代表性的。掌握这两种快球的防守技巧后，对于其他类型的快球，只要判断准确、移动迅速、应变能力强，便能有效防守。

（1）拦近体快球

近体快球以快速、低弧度和距离二传近为典型特点。由于其速度之快，难以组织集体拦网，通常采用单人拦网。在拦网时，拦网者应与扣球者同步起跳或略早于对方起跳。起跳后，要面对扣球者，双手尽可能地伸过网接近球，努力将球覆盖，阻止对方改变扣球路线。

（2）拦短平快球

短平快球的二传是沿着网的平弧线快速飞行，拦网时，需要同时关注人和球，重点是根据扣球者的助跑路线和起跳位置来确定自己的起跳位置和时机。通常应正

---

① 谭洁. 气排球运动教程［M］. 长沙：湖南师范大学出版社，2017：55.

对扣球者的起跳点，与扣球者同时或略早于对方起跳。起跳后，要迅速向对方场地上空伸展手臂，双手靠近球，封堵主要的扣球路线。①

第二节 专项技术训练

一、各单项技术训练

（一）传球技术训练

1. 初级水平

（1）无球动作模拟训练。专注于掌握传球预备姿势和协调性伸展，以及正确的手型，确保起跳和挥臂动作的同步性。

（2）持球动作模拟训练。专注于练习击球瞬间手型的正确性、击球点的精准定位，以及身体各部分动作的协调性，注意保持掌根不接触球体。

（3）固定位置传球练习。专注于练习完整的传球技巧，包括手指和手腕对球的控制，要求抛球者保持一致的抛球高度和落点，传球者需准确判断来球，及时做出反应，确保力量和技巧的恰当运用。

（4）原地自传球训练。专注于练习正确的手指和手腕击球技巧，感受手指触球的触感，以增强对球的控制力。

（5）对墙连续传球练习，保持 3~5 米的距离，可以设定时间或次数目标。

（6）双人配合练习：一位练习者保持正确的传球手型，另一位在上方固定球，练习者模拟传球动作，感受全身协调用力，搭档需指导并纠正手型和身体动作，确保初学者能够掌握正确的手型，从而保证击球点的准确性和有效利用手指、手腕的弹力。

（7）额前徒手传球动作练习。在额前练习正确的手型接球，自我评估手型和击球点，轻抛球至额前，利用腿部力量和手臂伸展，以及手指、手腕的弹击动作将球传出。

（8）双人传球练习，一位抛球，一位传球，保持 3~4 米的距离，确保抛球精准。

（9）移动传球练习，两人相距 3~5 米，一位练习者抛球，另一位在接球后向前

① 谭洁.气排球运动教程 [M].长沙：湖南师范大学出版社，2017：55.

或侧向移动两步进行传球。

（10）网前双人传球练习，相距 3～4 米，一位练习者持续顺网传球，另一位先自传一次后再传给对方。

2. 中级水平

（1）自传和互传配合，两位队员配合，先完成一次自传，然后互传。

（2）自传接背传，两位队员配合，先自传一次，接着 180°转身，运用背传技术传球给对方。

（3）自传接侧传，两位队员配合，先自传一次，然后 90°转身，运用侧传技术传递球。

（4）对墙自传训练，与墙保持约 1.5 米，进行连续自传，体会手型和手腕、手指的发力技巧。

（5）移动传球训练，两人一组，一人负责抛球，另一人根据球的落点快速调整位置并传球。

（6）三角形传球训练，三人形成三角形站位，传球时转体以面对传球目标。

（7）轮换位置传球训练，三人一组，进行位置轮换传球；或固定一人，其余两人轮换前后位置。

（8）四边形传球训练，四人形成四边形站位，传球时转体以面对传球目标。

（9）高弧线与拉开传球训练，3 号位向 4 号位传高弧线球或拉开传球。

（10）网前自抛互传练习，3 号位或 2 号位队员自抛后向 4 号位传球。

（11）固定位置三角传球练习，三人分别在 3 号位、4 号位、5 号位，进行三角传球，一定次数后轮换。

（12）多变角度传球练习，5 号位向 3 号位抛球，3 号位再向 4 号位或 2 号位传不同高度和弧度的球。

（13）篮筐下传接球训练，两人一组，一人在篮筐下抛球，另一人接球并传入篮筐。

（14）固定目标传球练习，每人一球，向墙面特定点连续传球。

（15）综合双人传球练习，涵盖不同距离、弧度的传球，结合自传，加入跳跃自传（跳跃传球或原地跳跃传球）、背传，以及传球后的动作（深蹲、触地、俯卧撑、小跳、收腹跳、模拟拦网、模拟扣球、旋转跳、坐地）。

（16）直线背传训练，三人一列，中间队员背传。练习可在网前进行，先自传后调整传球。半场五人轮流换位，每人一球，从后场自抛自传，然后移至网前调整传球。

3. 高级水平

（1）篮筐两侧的队员相互传递，球的飞行路线应超过篮筐高度，并从其上方通过，同时不触碰篮板和篮筐。

（2）三位队员在网前执行传球轮换，球从4号位传递到3号位，3号位队员背传至2号位，然后2号位队员将球传回4号位，多次传递后交换站位。在完成拦网动作后，迅速传递反弹球。

（3）三位队员组成一队，2号位和4号位队员固定位置，而3号位队员在移动中完成传球。

（4）四位队员一队，练习网前的背传和拉开球技巧，两边的队员根据信号交替换位，垫起球后按攻击手的指示传至网前攻击位置。

（5）从后场向4号位和2号位的队员进行调整传球训练，传球路线应尽可能接近球网。后排的5号位队员接到对方抛球或轻打的球后，将其垫传给网前的3号位二传队员。

（6）在移动中完成传球的训练，两名队员一组，一名队员抛出球，另一名队员在跑动中传球，抛球点可以灵活变化。

（7）传球高度变化训练，两名队员相隔3~4米，轮流传递高弧度和低弧度球，距离可以逐步增加。

（8）传球方向变化训练，三名队员形成等边三角形站位，按顺时针或逆时针方向连续传球。

（9）网前综合传球训练，包括近远距离、高低弧线传球，跳跃传球，自传后跳起传球，以及自传后转身背传。

（10）网前三角形传球训练，四名队员一队，传球后移动到原传球者的位置。

（11）三名队员固定位置传球，必要时交换站位。

（12）连续性调整传球训练，教师从4号位向四个不同位置抛球，队员需连续移动并调整传球，完成后回到队尾。

（13）固定位置传球训练，教师在场地内抛出不同速度和落点的球，后排队员上前并撤回完成二传。当二传队员到达网前后，教师抛出难以接住的球，二传队员需快速撤回并准确传向4号位（或3号位）。此训练也可从场地的其他位置开始。

（二）垫球技术训练

1. 初级水平

（1）进行原地无球模拟垫球动作的训练。

（2）培养对球的感觉。将球置于垫击点（手臂伸直）并走动或慢跑，确保球不掉落。

（3）进行多方向移动垫球，一人随机方向投掷或传递，另一人反应并垫球回传。

（4）练习固定位置垫球，两人配合，一人固定球于腹部高度，另一人模拟垫球动作（球不离开手），感受正确的垫球触点和力量运用，注意腿部和手臂的协调。

（5）进行单手连续触球或双手交替触球的练习，不限动作的具体部位。

（6）两人配合，一人随机向另一人的四周抛球，另一人需移动并持续垫球。

（7）进行原地或行进中的连续自垫球练习，垫球高度自由，但需保持动作连贯。

（8）对着墙面进行连续垫球，保持手臂角度的一致性，确保全身协调用力。

（9）集体进行无球动作模拟，按照技术要求，练习手臂的插入和夹紧动作，以及身体协调带动手臂上抬。

（10）个人自垫球练习，每人一球，抛球后连续自垫，可以结合高、低垫球，以及原地和移动中的自垫。

（11）面对墙面进行连续垫球，垫球的高度和距离根据个人能力调整，也可以交替进行自垫或对墙垫球。

（12）两人一组，相隔 3~5 米，进行抛球和垫球练习。

（13）两人一组，相隔 3~5 米，进行相互垫球练习。

2. 中级水平

（1）动态垫球训练，两位队员搭档，一位随机扔、掷变化距离、方向、速度和高度的球，另一位在移动中使用多种垫球技巧（如正面、侧垫、跨步等）将球控制并回传。

（2）连续垫球练习，两位队员相隔 4~5 米，进行正面垫球的连续传递。

（3）远距离垫球，两位队员相隔 7~8 米，一位发球，另一位进行垫球。

（4）自垫后对垫，两位队员相互抛球，接球后先自垫一次，再将球垫回对方，以此循环，感受不同垫球动作的差异。

（5）两侧移动垫球，两位队员搭档，一位在对方两侧 1.5 米处交替抛球，另一位移动至球落点并正面垫球回来。

（6）三角形垫球，三位队员形成等边三角形，相隔约 3 米，按顺序连续垫球，要求垫球前转向目标方进行正面垫传。

（7）小组移动垫球，两位队员固定站位相距 3 米，第三位队员在前方 4 米处，两位队员向中间位置交替抛球，第三位队员在两侧移动并垫球。

（8）团队循环垫球，四人及以上分两组，垫球后移动到对方队尾，形成循环练习。

（9）网前至中场垫球，一位队员在网前抛球至中场，另一位从端线外起跑垫球，然后返回端线外，重复此动作。

（10）指定目标垫球，队员将球垫向网前教师，教师提供反馈并回传，可同时多组进行，由教师评估垫球质量。

（11）小组对抗垫球，两边各三名队员进行对抗垫球，教师记录并宣布每边成功垫球次数，先达 15 次的一方获胜，之后交换发球和接球角色。

（12）轮流发球垫球，一位队员连续发 10～15 球，之后轮换发球人，3 号位队员担任发球，可同时两边进行。

3. 高级水平

（1）两人一组，一人向各个方向交替抛出两个球，一人移动将球垫回。

（2）3～4 人一组，迎面跑动连续垫球。

（3）4 人一组，三角跑动垫球。

（4）连续防多球，一人向同伴前、后、左、右连续抛球，同伴连续移动垫球。

（5）垫击对方发来的球。

（6）垫重球，两人相距 4～5 米，甲抛球给乙，乙扣球给甲垫球，乙将甲垫回的球接住，然后抛给甲扣，乙又将球垫回，如此交替练习垫重球。

（7）传、扣、垫球综合练习。两人相距 4～5 米，甲传球给乙，乙扣球给甲，甲垫球给乙，乙传球给甲，甲扣球给乙，乙垫球给甲，交替练习。

（8）垫击对方从高台上扣过来的球。

（9）3 人一组接发球、调整传球练习。

（10）防对方扣球练习。对方在不同位置进攻，本方 3 人后排防守。

（11）前冲防守。教师将球扣在防守队员前面 1～2 米处，队员要根据扣出的球适时冲上去低姿势垫球，然后迅速退回原处。可以一人连续做，也可以 2～3 人轮流做。主要解决防守时能及时移动，重心不后倾。

（12）防扣后连续防第二个吊球。方法同上，教师及时抛出吊球，使防守队员防扣后立刻能前冲防吊。

（13）两人一组，分别站在 1 号位、5 号位，接对方 2 号位、4 号位的扣球，要求把球垫到 2 号位、3 号位之间，然后再轮转换位。

（14）两人一组，分别站在边线附近，先进行一人将球抛向对方，另一人将球垫起、垫高练习；然后过渡到一人在边线处发球，另一人接发球，若干次后两人进行交换。在初学阶段要求尽量将球发到位，以免垫球难度过高造成动作变形或无法垫起，影响练习效果。

（15）两人一组，隔网站立，一人在端线附近将球发过网，另一人在场内按接发球的要求将球垫向网前的 3 号位或 2 号位处。

（16）练习者在场内 5 号位或 1 号位站成一列纵队，轮流接对方发过来的球。

（17）单人防全场。队员在半场中间防守，教师扣、吊结合，要求移动垫好后速回原位。也可不要求回原位，全场移动防守。教师扣、吊球要连续，既让队员有充分时间完成前一防守动作，又要使队员不停顿，始终处于连续的防守动作中。

（18）接扣球后再救一个入网球。要求尽量快上步救入网球，并垫高给教师。

（三）捧球技术训练

1. 初级水平

（1）无球动作模拟训练。主要练习接球前的准备姿态和流畅的伸展动作。

（2）捧击固定球训练。两人一组，一人持固定球，另一人做捧球击球动作，体会击球的手型、击球点以及全身协调用力。

（3）原地连续向上捧球训练。主要练习接球时手指、手腕的触球技巧，要求捧球者保持一致的抛球高度和落点，需准确预判并及时反应，确保力量和技巧的恰当运用。

（4）对墙持续捧球练习。强调全身协调用力。

（5）行进中自行捧球训练。每人一球，抛球后在移动中进行连续捧球练习。

（6）两人一组，一抛一捧接球练习。两人相隔3~5米，进行相互抛球和捧接球训练。

（7）两人一组，一扔一捧接球练习。两人相隔3~5米，进行相互扔球和捧接球训练。

2. 中级水平

（1）动态捧球训练。两位队员搭档，一人随机投掷变化距离、方向、速度和高度的球，另一人在移动中完成捧球。

（2）运用正面、侧面、跨步或低姿势等多种技巧捧球。

（3）远距离捧球。两位队员相隔7~8米，一人发球，另一人进行捧球。

（4）连续自捧与对捧。两人相互抛接球，先自捧再对捧，以此循环，感受不同方向捧球的技巧差异。

（5）两侧移动捧球。两人一组，一人在对方两侧1.5米处交替抛球，另一人移动至球落点处正面捧球。

（6）三角形捧球练习。三位队员形成等边三角形，相隔约3米，按顺序连续捧球，要求接球前先转体面向目标再使用正面捧球技术。

（7）三人一组移动捧球。两人相距3米站在左右两侧各拿一球，第三人在两人前方中间4米处站立不拿球，拿球的两人依次向中间位置交替抛球，第三人往两侧移动并捧接球。

（8）团队迎面跑动捧球。多人一组站成面对面的跑动队形，队伍最前方学生拿球抛球给对方，对方捧球到对面队伍，抛完球的队员跑到对方队伍最后，捧接球的队员跑动另一侧对方队伍最后，依次进行。

（9）移动中捧球练习。一人在网前将球抛至进攻线后，另一人从端线后跑步进场捧球，完成后退回原位，重复此动作。

3. 高级水平

（1）两人一组，一人向不同方向扔球，另一人在移动中捧球。

（2）捧重球训练。两人相距 4~5 米，进行抛球、扣球、捧球的交替练习。

（3）两人一组，一人发球，一人捧接对方发球。

（4）两人一组，一人扣球，一人捧接球。

（5）三人一组，一人扣球，两人捧接球。

（6）捧起对方从高台扣来的球。

（7）三人一组，一人扣球，一人捧接球，一人调整传球。

（8）综合传球、扣球和捧球训练。两人相距 4~5 米，进行传球、扣球和捧球的循环练习。

（9）防守对方扣球训练。对方队员在多个位置发起进攻，本方三名队员在后排进行防守。

（10）两人一组，分别在 1 号位和 5 号位，接对方 2 号位和 4 号位的扣球，并将球捧至 2 号位和 3 号位之间，然后轮换位置。

（11）三人一组，一人发球，两人捧接球训练。

（四）扣球技术训练

1. 初级水平

（1）原地挥臂练习：徒手进行挥臂练习，击高处固定物体，要求挥臂连贯，动作完整，由腰部发力带动手臂甩动。

（2）助跑摸高练习：寻找一高处固定物，相隔适当距离，利用排球扣球步法进行起跳，起跳后用扣球手向上伸展摸高，落地时屈膝缓冲。

（3）完整扣球动作练习：想象空中有一来球，随后采用排球扣球步法上步起跳，起跳后充分展腹，随后进行收腹、挥臂击球，落地时屈膝缓冲。

（4）击固定球练习：两人一组，一人持球于身体前上方，另一练习者进行原地挥臂练习，要求击球时击打球的中上部，并且手腕做出包球推压动作。

（5）在 4 号位反复练习扣抛球。

（6）在 4 号位和 2 号位练习扣打直线和斜线球。

2. 中级水平

（1）对墙扣球练习：练习者正对墙壁，挥臂击球，击出的球先落地，随后反弹至墙壁后再反弹回练习者身前，要求击出的球呈前旋，挥臂动作完整。

（2）原地自抛自扣练习：练习者位于进攻线之后任意位置，将球抛在自身上空，原地起跳后将球挥臂击过球网。

（3）自抛自扣练习：练习者位于进攻线之后，将球抛入进攻线内 0.5 米附近，随后上步助跑，跳入前场区进行挥臂击球，将球扣入对方场区。

（4）抛球给二传传球的扣球练习：练习者将球抛给二传，随后做好准备，扣二传传出的球。

（5）传球给二传传球的扣球练习：练习者将球传给二传，随后做好准备，扣二传传出的球。

（6）接二传打防球后的扣练习：练习者先将球传给二传，二传随即将球轻扣至练习者附近，练习者防守起球后，立即做好准备，扣二传传出的球。

（7）在 4 号位和 2 号位扣调整抛球。

（8）在 4 米线之后进行远距离扣球练习。

（9）从远网至近网进行连续扣球，队员从约 4 米远处起跑，连续扣击教师从网前抛来的球，每次练习扣三球为一轮。

3. 高级水平

（1）"多变球"扣球训练。教师故意传出位置不定的球，要求队员清晰地扣出直线或斜线球。

（2）5 号位队员接球后垫传给网前二传，随后助跑扣球。

（3）固定二传，2 号位、4 号位各站一扣球队员，1 号位、5 号位接发球后组织进攻，定期轮换位置。

（4）固定二传位置，三人配合进行 4 号位、3 号位、2 号位的定位扣球。

（5）5 号位队员接球后，1 号位调整传球，5 号位队员跑到 4 号位完成扣球。

（6）指定落点区域的扣球。将场地分为三个区域，队员需将球扣入指定区，或在扣球前声明目标区域。

（7）目标定位扣球。扣球后队员迅速移动至对方场地后排，下一个扣球队员需将球扣向其位置。

（8）远网扣球触底线。练习将球精确扣入靠近端线的 1 米宽的区域。

（9）有意识地将球扣向对方防守薄弱环节或技术较差的队员。

（10）模拟传球后突然起跳扣球，以扰乱对方拦网准备。

（11）在 3 号位扣抛球，运用转体与转腕技巧将球击向场地两侧。

（12）固定线路扣球练习：用障碍物封住一条进攻线路，要求扣出球的线路仅能为：直线、斜线、小斜线其中的一种。

（13）单人拦网下扣球练习。用一名拦网队员进行拦网，练习者需根据拦网队员的位置、手型选择合适的线路。

（14）集体拦网下扣球练习：同上，对方拦网队员增加至两名或三名，练习者需根据拦网队员的位置、手型、手臂之间的关系进行线路、扣球落点和打手出界的选择。

（五）拦网技术训练

1. 初级水平

（1）练习拦网手形。双臂高举并伸直，保持间距小于排球直径，手指稍用力张开。

（2）在低网下练习拦网手势。一位队员持球向前推送，另一位队员伸手进行拦网，以正确的手形和手腕动作击球。

（3）网前徒手拦网动作练习。控制身体与球网的距离，提肩、压腕，确保拦网动作规范且不触网。

（4）拦扔球练习。扔球人与拦网人均距离球网约 1 米，进行扔球与拦网的交替练习，扔球者需精准投向拦网者，拦网者练习拦球技巧。

（5）网前无球移动拦网步法训练。并步、滑步、交叉步移动后接拦网动作。

（6）在 2 号位、3 号位、4 号位网上设置固定球，进行移动起跳拦网练习。

（7）在网前进行高球拦网练习，练习起跳时机和手腕下压动作。

（8）两人一组，无球下移动跟拦练习。一人在网对面主动移动拦网，另一人紧跟对手移动，同步起跳并在网上击掌。

（9）两人一组，一人网前抛球，一人拦网练习。一人在对面网前抛球，另一人网前起跳拦球。

（10）两人一组，一人扣球，一人拦网练习。一人在对面 4 号位或 2 号位扣球，拦网者在本方 2 号位或 4 号位进行拦网。

（11）三人一组，一人扔球，另外两人双人拦网练习。扔球者在球网对面向网口拦网区域扔球，拦网者练习两人合作拦网技巧。

（12）在 3 号位拦网后，移动至 2 号位、4 号位配合双人拦网，然后轮换位置。

（13）二对二，双人移动拦网，彼此在进攻线中间听信号起跳拦网，落地后向外侧移动拦网，再返回原位。

（14）移动配合拦网训练。二传向 2 号位、4 号位传球，3 号位队员根据球的路线移动配合拦网。

2. 中级水平

（1）对方在 2 号位、3 号位、4 号位扣球，我方在相应位置上进行单人拦网。

（2）对方4号位扣球，我方3号位队员移至2号位形成双人拦网。

（3）对方2号位扣球，我方3号位队员移至4号位与4号位队员形成双人拦网。

（4）对方2号位、4号位扣球，我方调整位置形成双人拦网。

（5）对方3号位进行强攻，我方2号位、4号位队员向3号位集中，与3号位队员形成三人拦网。

（6）根据对方战术变化，我方进行相应调整形成双人拦网。

（7）对方在2号位、4号位连续发起不同轨迹、距离和速度的扣球，我方拦网队员需连续调整拦网。

（8）练习拦截固定轨迹的球，感受拦网动作，对于前冲拦网动作，加强肩部提升练习，拦网时，强调盯住球，培养观察球的习惯。

（9）一人在高台上进行固定路线扣球，另一人原地起跳进行拦网。

（10）在2号位练习拦对方4号位固定路线的近网球。

3. 高级水平

（1）对方执行接发球首次进攻，我方前排进行战术性拦网。

（2）进行前拦后防的反击训练。

（3）完成拦网后，迅速准备接应后排传来的球，执行反击扣球或策略性传球。

（4）对方实施多点进攻时，我方前排构建联合拦网。

（5）通过四对四、五对五的实战演练，增强拦网效率。

（6）双人配合移动训练。两位队员一组，3号位队员首先起跳拦网，随后向两侧移动，与2号位和4号位队员进行双人配合拦网。

（7）二传灵活分配球至2号位和4号位，3号位队员根据球路调整位置，与2号位或4号位队员形成双人拦网。

（8）三人一组练习，网对面两人相距3米，轮流自抛自扣，一人网前原地起跳拦网后迅速移动去拦第二人的扣球。

（9）侧向移动拦网训练。拦网队员在3号位排成纵队，两位教师在对方2号位和4号位高台抛扣。队员侧向移动拦网，教师抛球后队员方可起动。完成拦网后，队员移至队尾等待下一轮。

（10）人盯人拦网。二传给4号位或2号位传球扣球，防守队员在网对面盯人防守拦网。

（11）双人移动配合拦网训练。两位队员一组，同步移动至3号位进行一次双人拦网，然后分别移动至两侧，与2号位和4号位队员再次配合拦网。强调配合队员主动与主拦队员协同，避免相互碰撞。

（12）结合多样进攻扣球的双人拦网训练。3号位队员首先单独拦阻对方半快球，随后迅速移至 2 号位或 4 号位，与该位置队员配合拦阻对方强力扣球。精准掌握拦网起跳时机和手形变化。①

（六）发球技术训练

1. 初级水平

（1）无球模拟发球动作，包括挥臂和抛球，感受上下肢力量传递和手臂挥臂轨迹与用力，确保挥臂方向和速率恰当。

（2）无球模拟抛球和击球动作：准备姿势后，左手模拟球位置，右手模拟击球动作（接触左手），掌握击球技巧和位置，协调抛球与挥臂动作。

（3）练习托球，掌心向上稳托球体，掌握正确抛球技巧，感受理想抛球点和高度。

（4）使用网或墙作为参照，进行目标抛球训练，提高抛球的精准度。

（5）协同练习抛球与抬臂动作，掌握球的落点、高度和挥臂流畅性。

（6）练习击打固定或悬挂球，一人固定球体或悬挂球，另一人练习击球，关注挥臂和击球技巧。

（7）对墙发球练习。要求手掌包住球，推压动作明显，球有明显上旋。

（8）边线两侧发球练习。要求控制球的旋转和落点。

（9）分组在场地两侧进行发球练习，关注抛球到击球的连贯性，强调技术结构和动作协调性。

2. 中级水平

（1）练习抛球和挥臂击球的协调性。通过模拟抛球、抬臂和挥臂击球的动作（不实际击球），掌握动作的流畅衔接。

（2）面对墙壁或球网进行抛球和挥臂击球的练习，感受手臂摆动与抛球的同步性及击球时的力量控制。

（3）两位队员分别位于场地两侧边线，进行发球练习，专注于挥臂的轨迹和正确的击球点。

（4）确保动作规范的基础上，在发球区尝试发出具有不同特性的球。若发球时未能充分包住球或缺乏推压动作，可进行对墙轻扣练习，以感受包球和推压球动作，促使球产生上旋。

（5）进行网前发球练习。两位队员在场地内逐步过渡到端线外相互发球。初始阶段，专注于技术动作的正确性而非发球效果，技术动作熟练后，再逐步追求发球效果。

---

① 孙平. 现代排球技战术教学法［M］. 北京：北京体育大学出版社，2008：65.

3. 高级水平

（1）加强发球技巧的练习。三人一组，发球者与接球者相隔约 9 米，第三人位于接球者右前方充当二传，完成指定次数后轮换角色。

（2）提升发球精准度的练习。将对方场地划分为四个区域或设定特定落点，练习精确的发点，发直线和斜线球。

（3）增强发球的攻击性的练习。在确保精准度的前提下，尝试降低球的飞行弧线，提高发球速度和力量，或针对场地的特定区域如端线附近和边角进行发球。

（4）组织发球竞赛。根据参与人数分组，每组内成员轮流发球，根据成功发球的次数来评定比赛成绩。

（5）划分后场区域，进行目标区域发球练习。也可以通过比赛形式增加趣味性。

（6）在人数相等的基础上，按顺序将球发向对方场地特定位置，每人限定发球次数，统计成功次数以分胜负。

（7）在发球区完成一定数量的发球任务或连续发出规定数量的好球。一旦失误，则重新开始计数。

（8）模拟比赛环境下的发球训练。在练习赛中，可以规定连续发球次数后轮换，或通过发球得分和失误来增减分数。

二、技术组合训练

（一）传垫组合训练

1. 初级水平

（1）进行原地自我抛传和自我垫球练习。

（2）面对墙壁进行垫球和传球的交替练习，保持 3~5 米的距离，持续进行，可以设定时间限制或次数目标。

（3）两名队员共用一球，相隔 3~4 米，一人垫球，另一人传球。

（4）两名队员在网前相隔 3~4 米，一人连续垫球，另一人连续传球。要求控制球距离球网的距离。

2. 中级水平

（1）自垫后互传练习。两人一组，一人先进行自垫，随后将球传给对方，对方用垫球或传球接球后做同样动作。

（2）自垫后转身背传练习。两人一组，一人先进行自垫，接着转身 180°，采用背传技术将球传给对方，对方接球后做同样动作。

（3）动态传垫练习。两人一组，一人负责抛球，另一人进行传垫交替练习，抛球者需向不同方向抛球，接球者需迅速调整位置，选择适当的传垫方式，并将球处理到预定区域。

（4）端线到端线的移动传垫练习。两人在场地一端开始，进行边跑动边传垫的练习，至场地另一端后互换角色。

3. 高级水平

（1）三名队员纵向排列进行传球，中间队员执行背传技术。该练习同样适用于网前。即队员分别位于 2 号位、3 号位和 4 号位，从 4 号位垫球至 3 号位，3 号位背传至 2 号位，然后 2 号位长传回 4 号位。

（2）正面移动传调整球练习。教师对 1 号位或 6 号位扣球，队员需将球自垫至头顶后，调整传至 4 号位或 2 号位。

（3）侧向移动防守练习。教师向 5 号位队员的右侧扣球，队员需向右移动并传起或垫起球，然后调整至 4 号位，并迅速返回原位；同样，教师向 1 号位队员的左侧扣球，队员需向左移动并传起或垫起球，然后调整传至 2 号位，并迅速返回原位。

（4）正面低球处理练习。教师在 2 号位向后排发起高扣球，5 号位队员需将球调整传至 4 号位，随后立即准备防守，正面垫起球后再次调整传至 2 号位。

（5）团队循环攻防调整练习。两名队员分别在 2 号位和 4 号位准备扣球，防守队员在 1 号位和 5 号位接球，4 号位队员将球扣至 5 号位，5 号位队员接球后将球传或垫至 2 号位队员扣球，并移动至 1 号位队尾，2 号位队员将球扣给 1 号位队员，1 号位队员传或垫球给 4 号位队员扣球，然后 1 号位队员跑至 5 号位队尾，4 号位队员扣球至 5 号位，如此循环。若干次后，攻防方互换。

（二）传扣组合训练

1. 初级水平

（1）对墙自传自扣。距离 3～5 米，先自传一次至头顶上方，然后对墙扣球。

（2）对网自传自扣。将球自传一次后对网起跳扣球。

2. 中级水平

（1）两人一组，先自传一次扣给对方，对方防起之后再自传一次进行调整后继续扣给对方。

（2）两人一组，扣球人将球传给二传，二传将球扣回，扣球人将球传起来后给二传，二传继续向 4 号位或 2 号位传球，扣球人上步扣球。

（3）两人一组，距离 4～6 米，一人垫球，一人扣球。

（三）发垫组合训练

（1）对墙自发自垫，距离 4～6 米，对墙发球回弹后将球垫起。

（2）两人一组，距离 4～6 米，一人发球，一人垫球。

（3）两人一组，隔网站立，发球人站三米线后 1 米发球，垫球人站对网后半场垫球。

（四）扣垫组合训练

（1）教师向 4 号位或 2 号位的三米线位置隔网抛球，队员将球垫起后给二传，迅速下撤进行助跑起跳扣球。

（2）教师在对面隔网吊球，两名队员分别站在 4 号位和 2 号位将球垫给二传后，迅速下撤进行助跑起跳扣球。

（3）对墙自垫自扣。距离墙 3~5 米，先对墙扣球，然后垫球调整起球后再对墙扣球。

（4）教师 3 号位一扣一吊，队员在后排防起后再迅速移动到前排防吊球，随后迅速下撤到进攻线后进行助跑起跳扣球。

（五）拦垫组合训练

（1）队员在 4 号位或 2 号位拦网后，转身防吊球。

（2）前排三人拦网，后排 1 号位、5 号位队员，接对方扣球打手后飞进场内的球。

（3）一名队员在前排 2 号位或 4 号位移动拦网，教师在对面不同位置隔网抛球，队员拦网后立即转身接抛过来的吊球。

（4）一名队员在前排 2 号位或 4 号位拦网，教师在对面不同位置隔网扣球，队员拦网后，立即接本方队员扔的入网球。

第三节　专项战术训练

一、单人战术演练

（一）发球个人战术

发球技术不受对方和同伴的制约，也没有集体配合的问题，全凭个人技术和战术的发挥。因此，发球时要树立"以我为主"的观念。在观察和分析对方的具体情况后，有针对性地采用不同的发球战术，取得先发制人的效果。以下是比赛中常用的几种发球战术：

1. 加强发球的性能

发球的关键在于球的力度、速度、飞行轨迹和旋转，目的是直接得分或打乱对手的攻势。

2. 控制发球的落点

（1）发球至对方队员间的空隙、场地边缘或靠近端线的位置，提升对手接球的挑战性。

（2）发球目标为对方进攻队员，使其在前、后、左、右不同位置接球，以此削弱其进攻能力。

（3）针对对方二传或其移动路线发球，迫使其改变节奏，干扰团队配合。

（4）选择对方身材高大、灵活性不足、速度较慢、技术欠佳的队员发球，尤其是情绪不稳定、注意力不集中或新上场的队员，增加其失误的可能性。

3. 改变发球的方法

（1）调整发球站位。发球者可以选择靠近端线的位置发球，或者选择中等距离和远距离站位。发球者还可以在端线外的右侧或左侧区域发球。不同的站位和角度能够产生多样化的球路和落点。

（2）调整发球轨迹。发球时，可以通过增加上旋、左旋或右旋来调整球的飞行轨迹，以此减少对方一传的成功率。在没有空中障碍的情况下，可以采用高吊球，利用球下落时的重力作用，增加对方的接球难度。

（3）调整发球节奏。为了取得优势，可以运用高点击球、缩短飞行距离的快速飘球或跳发球技巧，或者采用高抛物线、慢速的发球策略，通过变化节奏来打乱对方的接球准备。

4. 改变发球时的攻击性和准确性

（1）面对本方得分困难、比分落后或对方强势进攻时，可实施更具侵略性的发球策略，以便扭转不利局面。

（2）当本队分数领先时，可以采取更具破坏力的发球方式，以巩固优势。

（3）在连续发球失误或对方调整战术后，以及对方攻势减弱或频繁接发失误时，需专注于提高发球的精确度，确保不浪费得分良机。

（4）在比赛的紧张阶段，特别是在决胜局中，发球的稳定性尤为关键，一定要避免出现不必要的失误。

随着对手接发球技能的提升，传统的针对性发球战术逐渐失效，当前顶级球队更多地运用变化多样的发球性能和长短球的结合策略。[①]

①练习方法示例

A. 设定发球区域练习，每 6 个球为一组，制定完成指标；

---

① 黄汉升. 球类运动——排球（第三版）［M］. 北京：高等教育出版社，2015：125.

B. 发轻、重两种球练习，每 6 个球为一组，制定完成指标；

C. 发前场区、后场区球练习，每 6 个球为一组，制定完成指标；

D. 结合攻防练习，发球找区、找人，培养个人战术运用能力；

E. 结合教学比赛，发大力球和轻飘球，提高个人战术实战能力。

②练习要求

A. 要求熟练掌握轻、重两种发球的基础方法；

B. 要求针对性地找区、找人发球；

C. 要在稳定的基础上增加攻击性。

（二）扣球个人战术

个人扣球策略的核心在于，扣球队员需依据实际比赛中对手的拦网与防守布局，选择合适的扣球技巧与攻击路径，以提高攻破对方防线的效率。个人扣球策略主要包括以下类型：

1. 扣球线路的变化

（1）结合使用直线和斜线攻击，以及长距离和短距离的扣球球路。

（2）通过变化助跑线路，扰乱对方的拦网和防守布局，例如采用直线助跑后扣出斜线球，或斜线助跑后扣出直线球。

（3）针对防守能力较弱或防守意志不坚定的对手进行扣球，或是针对对方防守空虚及薄弱环节发起攻击。

2. 扣球动作的变化

（1）通过转体和转腕技巧，迅速调整扣球轨迹以避开对方的拦网。

（2）采用高点击球策略，在对方拦网手之上完成攻击。

（3）从标准正面扣球转变为勾手扣球，诱导对方拦网判断错误。

（4）通过意外的连续进攻，制造无人防守或单对单的进攻机会。

（5）执行高位平击，使得球在触及拦网手后朝对方后场或向两侧飞出。

（6）出其不意地使用单脚起跳扣球，打乱对方的拦网节奏。

（7）故意改变扣球时机，提前或延后，以干扰对方拦网的时机判断。

（8）采用轻打或轻吊技巧，使球随拦网者下落，提升其处理球的难度，或使球落在对方网前区域或拦网者背后。

（9）通过变化扣球的"时机""位置"和"空间"来迷惑对手的拦网。

3. 扣球练习方法及要求

（1）练习方法

①培养运用各种扣球技术手法的熟练性，提高扣球的攻击性和稳定性；

②设置单人、集体拦网和跟进防守队员，进攻队员通过观察防守队员的拦防策

略选择扣球方法和路线；

③有意放出直线或斜线拦网空间，培养扣球队员运用扣球个人战术的能力。

（2）练习要求

①扣球战术练习一定要建立在扣球技术不断熟练和稳定的基础上；

②扣球战术练习要有针对性；

③培养扣球者在扣球时对拦网以及保护阵型的观察与判断能力。

（三）拦网个人战术

1.拦网战术

个人拦网战术的目的是拦网者依据对手的扣球行为，通过时间和空间的变动，运用多样化的拦网技巧，以有效阻止对方的进攻。个人拦网战术主要包括：

（1）拦网者可通过直线起跳后向侧面伸展手臂拦截斜线球，或在斜线位置起跳拦截直线球，以此扰乱对方扣球队员的判断。

（2）在空中调整拦网手臂的位置，例如在准备拦直线球时突然改变手臂方向去拦斜线球。

（3）通过制造假动作欺骗对手，例如故意留出中路空当，诱使对方攻击中路，然后在对方扣球瞬间迅速调整手臂位置进行拦网。

（4）当预判对方可能打手出界时，及时在空中撤回手臂，迫使对方扣球失误。

（5）面对对方轻吊球，拦网者主动下压手腕将球拦回。如果球落在拦网者难以触及的位置，拦网者积极尝试救球并组织反击。[①]

2.练习示例

（1）设定扣球队员必须按"平打""打手出界"两种方法进行扣球，同时设定甲、乙两名拦网人，甲做拦网，乙在场外预判扣球人的战术意图，并及时大声喊出扣球的个人战术名称。

（2）拦扣球时，拦网者要及时判断，喊出扣球者的扣球战术意图并及时作出拦网个人战术的应对方法。

（3）设定扣球人打手出界，拦网者练习外手向里包或撤手。

（四）防守个人战术

1.防守战术

个人防守策略的核心在于队员在防守过程中，精准定位并运用恰当的接球技巧，以符合战术需求成功起球。杰出的防守者需具备坚韧的斗志，并能依据对手的攻势

---

① 黎禾.排球训练教程［M］.北京：高等教育出版社，2008：53.

和队友的拦网状况，做出精准的判断和适当的反应。个人防守战术包括：

（1）在决定防守的前后站位时，需考量对手二传与网的间距及扣球者击球的高度。若球靠近网且无拦网，防守应更靠前；若球离网较远或近网球遭拦，防守则应更靠后。

（2）左右站位的选择应基于扣球者的助跑路线及其与球的相对位置。通常防守者应站在扣球者与球连线的延长线上。

（3）针对对手的扣球习惯，应采取相应的防守措施。例如，若对手仅扣不吊，防守位置应更靠后；若对手仅使用斜线扣球，应放弃直线防守，专注于斜线；若对手结合扣球与吊球，需随时准备向前接应。

（4）防守者还应根据本方拦网的设计，有意识地选择防守位置，以提供支援和补充。特别要注意保护前排拦网可能留下的空当区域。①

2. 练习示例

（1）接发球防守练习方法

①通过在战术板上的图示讲解，加深队员对接发球和防守战术的理解。

②进行无球的站位模拟训练：安排5（4）名队员根据防守战术设计在场地上定位，并进行多轮轮换，确保每位队员都能熟悉各自的站位。

③进行实战结合的练习。安排5（4）名队员根据防守站位，接教师在场地对面的发球并组织进攻。每当成功组织进攻3次，队员便轮换至下一位置，继续练习。

④进行全队的接发球轮转训练。将队伍分为两小组，一组负责发球而另一组负责接球。设定每完成一定数量的轮次后进行轮换。练习结束后，两组交换角色，可以采用"中一二"或"边一二"的不同站位方式进行接发球练习。

（2）接扣球防守练习方法

①使用战术板图解并阐述接发球的防守策略。

②进行无球模拟训练。安排5（4）名队员在场地半区根据防守布局定位，并执行5轮轮换，确保每位队员理解每轮及每个位置的任务和责任，以便根据对手和队友的动态做出合适的站位选择。

③进行无拦网防守训练。教师在对面高台上实施扣球或吊球，队员们在没有拦网的条件下练习防守与反击。

④实施拦网结合的防守训练。教师在对方4号位高台进行扣球或吊球，队员们进行单独或协同拦网。教师故意将球攻向1号位、5号位、4号位的队员，队员们在

---

① 黎禾. 排球训练教程［M］. 北京：高等教育出版社，2008：53.

完成防守后立即组织进攻。

⑤3 名队员负责全场的接扣、吊球和救球后的调整传球。教师根据队员站位和身体姿态选择扣球、吊球或抛入网球，队员需协作完成防守和调整传球。

⑥指定防守区域的扣球和防守对抗。指定一名队员在特定防守区域内进行防守，其他队员轮流进行扣球（可选择远网球或近网球）。成功防守对方扣球的队员将替换为进攻者；若扣球出界，同样需替换为防守者。此训练可同时在两侧进行，或指定在 2 号位进行扣球。

（3）接拦回球防守练习方法

①树立"单人扣球，集体支援"的团队合作理念。

②无球站位调整。安排 5 名队员在场地半区根据对手和队友的动态进行站位调整训练，确保所有参与攻击的队员都主动寻找合适的位置以准备接应拦回球。

③模拟扣球后的接拦回球。进攻队员进行无球攻击战术模拟，教师在 4 号位、3号位和 2 号位扣球或吊球，防守队员迅速做出反应，保护并组织实际的进攻。

④教师高台扣、吊球，防守队员防守接球练习。5（4）名队员观察动作和线路，迅速调整站位、接球和进攻。

⑤进攻队员 4 号位强攻，面对对方两名队员的拦网，其余队员进行保护并练习接应拦回球。

⑥进攻队员在 3 号位打半高球，防守队员双人拦网，其余队员进行保护并练习接应拦回球。

⑦进攻队员在 2 号位强攻，防守队员双人拦网，其余队员进行保护并练习接应拦回球。

（4）接传垫球防守练习方法

①对方无攻情况下的跑位。进攻方一传失误使球无攻，防守方队员迅速后退和交换位置，组织多种进攻策略。

②对方垫球直接过网时的定位训练。在对方直接将球垫过网时，若前排队员无法及时后撤，则后排队员需承担防守任务，这时可训练二次进攻或多方位快速进攻。[①]

③对方故意垫球过网时的定位练习：对方一传或二传有意突然垫球过网时，防守方应加强后排防守或前排防吊的移动跑位，并充分利用 4 号位和 3 号位队员的快攻战术配合。

---

① 黄汉升．球类运动——排球（第三版）［M］．北京：高等教育出版社，2015：214.

训练要求：为了有效提升学生的防守能力，发球、扣球、吊球等进攻需由易到难；学生需保持专注，随时准备防守对方的各种进攻性击球。

二、组合战术演练

（一）单人拦网下的拦防配合

（1）当对方4号位队员进行轻扣球、掷球或扣球时，本方2号位队员负责拦截大斜线球路，1号位队员则防守直线球路，这一练习可以连续进行，同样也可以在对方2号位实施。

（2）当对方3号位队员进行轻扣球、掷球或扣球时，本方3号位队员应拦截中线球路，而4号位和2号位队员则迅速后撤防守小斜线扣球或吊球。

（二）双人拦网下的拦防配合

（1）当对方4号位队员轻击球、抛球或扣球时，本方2号位和3号位队员拦截直线和大斜线球，1号位队员跟进防吊球，4号位队员负责防守小斜线球，而5号位队员则负责防守后场区域的大斜线球。

（2）当对方2号位队员轻击球、抛球或扣球时，本方4号位和3号位队员拦截直线和大斜线球路，5号位队员跟进防吊球，2号位队员负责防守小斜线球，而1号位队员则负责防守后场区域的大斜线球。

（3）当对方在4号位和3号位之间扣球或抛球时，本方2号位和3号位队员进行拦网，而1号位、5号位和4号位队员则在拦网队员后方形成马蹄形的防守布局。如果对方队员在2号位和3号位之间扣球，则本方由4号位和3号位队员进行拦网，同时1号位、5号位和2号位队员在拦网队员后方形成马蹄形的防守布局。

（三）三人拦网下的拦防配合

教师在对方4号位、3号位之间附近扣球、掷球或由队员扣球，本方2号位、3号位、4号位队员拦网，1号位、5号队员在后场区各守半区。

练习要求：

（1）集体战术要与个人战术紧密结合；

（2）要设计长期、稳定的集体战术，不可朝令夕改；

（3）要与实战相结合。

三、攻防演练

在进行攻防演练时，关键在于使学生能够流畅地在进攻和防守之间转换并有序地组织。因此，控制学生的移动路线和动作节奏是教学训练中的关键和挑战。

（一）调整传球和反攻练习

教师站在高台上进行扣球，后排的两名队员则负责执行多样化的防守线路，并进行传球与反攻练习。

（二）人盯人拦网练习

教师在后场将球抛给二传队员，扣球队员在本方 4 号位、3 号位、2 号位跑动扣球，防守队员在对面半场的 2 号位、3 号位、4 号位队员进行人盯人拦网，后排队员进行防守反击。

（三）5（4）对 5（4）攻防转换练习

教师在场外抛球，一方接发球组织一攻，另一方拦网防守后组织反攻，成死球后，教师立即抛球继续进行攻防转换练习。

（四）拦网接后撤防守

进攻方 4 号位或 2 号位扣球，防守方 2 号位或 4 号位队员先跳起拦网，然后迅速后撤防守。扣球人可以扣吊结合，防守人判断扣球情况内撤防吊或后撤防扣。可以两边轮流进行。

（五）按指定的进攻和防守战术进行训练

教师可在场内给球，也可隔网扔球或轻扣过网。

（六）全场 5（4）对 5（4）综合训练

可安排分组对抗，可采用"一攻机会均等""一攻连胜连攻"训练法、记分法等。

第四节　专项身体素质训练

一、体能训练概述

身体素质是竞技能力的重要组成内容之一。只有拥有出色的体能，气排球运动员才能在训练中保持活力，在竞赛中展现出最佳竞技状态。对气排球运动员来说，体能也是他们学习基本技术和战术，以及提升竞技水平的有效保障，需要采用科学合理、多样化的训练手段进行体能训练。

（一）体能训练概论

体能，即身体能力，是运动员在训练和比赛中所展现的专项身体素质、机体功能水平和身体形态的综合反映。体能是提升技术和战术水平的关键，而提高体能训练的质量是实现优异成绩的必由之路。随着气排球运动竞技性的提升，对参与者的体能要求也越来越高。

体能训练就是通过科学的训练方法，促使训练者在身体形态、功能和运动素质等方面产生积极的适应。进一步来说，体能训练主要通过长时间、高强度、大负荷的训练，来强化人体各器官和系统对超负荷的适应能力，提高人体整体运动能力和培养坚韧不拔的精神。

对运动员来说，身体形态特征包括身高、体重、腰围等指标；身体素质涉及力量、速度、耐力、协调、柔韧、灵敏；而身体机能水平则包括健康状况、器官系统功能、承受高强度训练和比赛的抗疲劳能力和恢复能力。① 身体形态、机能和素质等指标的水平既受遗传因素影响，也受后天训练适应程度的影响。

传统的身体素质训练往往侧重于单一素质，如力量、速度、耐力等的提升，而忽视了整体机能水平和良好心理素质的培养。体能训练的效果需在比赛中得以综合体现，但单一身体练习所发展的素质往往难以适应比赛场上的复杂情境。

气排球比赛中，要想取得优异的成绩，球队必须实现体能、技能和比赛经验（包括良好的心理素质）的高度统一和协调发展。其中，体能是基础，没有良好的体能就无法掌握高超的技术，没有卓越的技术就难以在重要比赛中取得胜利。在追求胜利和成功的道路上，气排球运动员的体能至关重要，体能训练也是气排球运动员训练中不可或缺的重要组成内容。

（二）体能训练的作用和意义

在运动训练学领域，竞技能力亦称为比赛能力，指的是运动员在体能、技术、战术、心理、智能等方面的综合体现。其中，体能对绝大部分运动项目都起着基础支撑和重要影响作用，在技能主导类项目中则发挥着至关重要的影响。运动素质既是体能的组成部分，也是评估和检测体能水平的常用标准，反映体能在特定运动表现方面的水平。体能训练主要涉及人体形态、机能、素质在结构和功能上的适应性改造。运动竞赛对参与者的体能要求越来越高，只有不断追求极限，才能推动运动技术水平的持续提升。②

体能训练的作用和意义主要表现在以下几个方面：

1. 体能训练对于运动员掌握复杂和高级技术至关重要

它促进了运动员身体各系统功能的协调发展，使他们具备了进行专项竞技运动的全面能力。除了基础力量，运动员还需掌握高级技术，这依赖于体能的充分发展。

---

① 谭洁. 气排球运动教程［M］. 长沙：湖南师范大学出版社，2017：124 – 125.
② 黄汉升. 球类运动——排球（第三版）［M］. 北京：高等教育出版社，2015：231.

只有全面发展各项运动素质，运动员才能有效掌握复杂和先进的技术，体能训练是实现这一目标的关键。

2. 体能训练有助于运动员承受更高强度的训练和比赛

随着气排球运动竞赛激烈程度的上升，运动员需要具有更高水平的力量、速度、耐力等才能更好地适应比赛的节奏。由此，各个球队在平时的训练中，会花更多的时间来提升技战术水平，在比赛中表现出来的竞技能力和水平也越来越高。

3. 体能训练有助于运动员保持良好的心态，创造优异成绩

竞技能力是决定成绩的关键因素，它包括身体形态、机能、运动素质、技术和战术、心理和智力等多个方面。在现代体育竞赛中，运动员的心理状态对比赛结果有着重要影响。良好的体能使运动员在激烈竞争中保持优势，保持良好的心态，为创造优异成绩提供保障。

4. 体能训练有助于促进运动员的身体健康，预防伤病，延长运动生涯

良好的健康状况是系统训练的基础。体能训练能够提高运动员内脏器官，特别是心血管和呼吸系统的功能，增强骨骼、肌肉、肌腱和韧带等运动系统的功能，并改善中枢神经系统的功能。这些作用提高了身体对外界环境的适应能力和对疾病的抵抗力，有效促进了运动员的身体健康，预防了伤病，延长了运动生涯。当然，提高体能需要通过有计划、有目的的科学训练来实现。①

（三）体能训练的生理学依据

为了确保体能训练的有效性，在选择训练方法时，必须基于气排球比赛对运动员身体素质和身体机能的专项要求，且与运动生理学的原理相一致。

从能量代谢的角度来看，人体在活动时依赖三种主要的能量供应系统：首先是磷酸原（AIP - CP）系统，它支持肌肉在高强度下工作 5 ~ 10 秒，如短跑；其次是糖酵解系统，它支持 20 ~ 30 秒的活动，有时甚至持续 1 ~ 2 分钟，如 400 米跑；最后是有氧氧化系统，它在氧气充足的情况下提供能量，支持 2 ~ 3 分钟或更长时间的活动，如长跑，有氧供能是基础。

气排球比赛是一种间歇性运动，即高强度的爆发性用力被短暂的间歇所分隔。其中，短时间的爆发性动作，如扣球和拦网，主要由磷酸原系统提供能量。连续多回合的争夺则主要由糖酵解系统提供能量。而一局或一场比赛的完成则需要有氧氧化系统参与供能。在气排球比赛中，每分球大多数对抗的时间为 2 ~ 8 秒，主要由磷酸原系统供能。在"死球"、暂停、换人和局间休息时，磷酸肌酸（CP）得到恢复。在连续多回合的对抗中，糖酵解系统供能成为维持运动员工作能力的关键。每球得

① 黄汉升.球类运动——排球（第三版）［M］.北京：高等教育出版社，2015：232 - 233.

分的赛制进一步强调了无氧供能的重要性。然而，考虑到气排球比赛可能持续数十分钟，提高有氧供能能力也同样重要。

这些分析指出，三大供能系统共同构成了气排球运动员能量供应的组成结构。因此，气排球运动员的体能训练应围绕这三种供能系统进行训练，同时紧密结合气排球运动的技战术特点。

（四）气排球体能训练的内容与要求

1. 内容

气排球的体能训练应依据项目的运动特点，采用特定的训练策略来提升与气排球运动表现直接相关的专项身体素质、身体机能和形态。气排球运动员的体能训练通常分为两个部分：一般体能训练和专项体能训练。

（1）一般体能训练

它是指在训练中通过各种身体练习、方法和手段，提高运动员的基础运动素质，增强器官系统的一般功能，改善身体形态，并让运动员掌握相关的理论知识，为专项体能训练打下坚实的基础。

（2）专项体能训练

它是指使用与专项运动动作相似或相关的练习形式，通过不同负荷强度和量度、不同训练方法和手段，发展运动员在专项技术和战术上所需的运动素质和器官系统的功能，塑造专项身体形态，并让运动员掌握专项体能训练的理论与实践知识，以最大程度提升专项运动表现。

（3）体能训练的主要内容

从气排球运动员专项运动素质的角度来看，体能训练的主要内容：

①力量素质：包括腰腹力量、手臂力量、手指力量、手腕力量、下肢力量等。

②速度素质：包括反应速度、移动速度、起跳速度、挥臂速度等。

③耐力素质：包括移动耐力、弹跳耐力、速度耐力等。

④灵敏素质：包括腿、手、腰、腹的协调配合能力及场上的灵活应变能力等。

⑤柔韧素质：包括肩、髋、膝、踝、腕等关节活动的范围等。[①]

2. 基本要求

（1）体能训练必须全面安排

气排球是一项要求运动员具备全面身体素质的运动，这些素质相互关联、相互支持并相互促进。因此，在体能训练中，必须采取全面的规划。在培养专项运动技能的基础上，应该全面地规划并充分发展运动员的各项运动能力，以提升他们的整

---

① 谭洁. 气排球运动教程［M］. 长沙：湖南师范大学出版社，2017：129 - 130.

体身体功能。对于青少年运动员来说，尤其需要进行全面的体能训练。多样化的训练不仅能够提升他们的身体机能水平，还能降低训练过程中的单调性，激发运动员的训练热情，同时对专项技能训练起到辅助和调节的作用。

（2）科学系统地安排体能训练比重

教师需要根据比赛的准备阶段，有计划和系统地设计整个训练周期的体能训练计划，包括训练内容、比例、方法和负荷等，都应进行细致的规划。特别是在青少年成长关键期和运动员达到高水平表现后，更需要精心安排。通常，青少年运动员在体能训练上应投入更多的比重，而成年运动员则可以适量减少。在训练周期的不同阶段，体能训练的重点也应有所调整，例如在冬季训练期间，体能训练的比重可能会相对暑期降低。此外，不同训练阶段对体能训练的侧重点也有所不同，青少年时期更注重全面的体能训练，而赛前阶段则更侧重于力量训练。

（3）处理好与技战术训练的关系

体能训练与技战术训练之间不存在对立关系，它们也不能相互取代。体能训练是运动训练中不可或缺的一部分。训练的内容、方法和手段应当与气排球的技战术要求紧密结合，通过专项化的体能训练，使之与专项技术和战术训练相结合，充分发展运动员在专项运动中所需的专项身体素质，确保体能训练能够满足专项技战术的应用需求，帮助运动员提升他们在专项比赛中的竞技水平。

（4）合理安排体能训练的时间和运动负荷

当运动员的大脑皮层处于积极兴奋且精力旺盛的状态时，进行体能训练最为有效，并且受伤的风险也相对较低。此外，运动负荷的安排应当恰当，既要保证一定的训练强度和频率，又要科学地规划训练间的休息和恢复时间。

（5）加强体能训练的针对性

在实施体能训练时，教师需识别并理解每位运动员的个体差异情况，并据此实施个性化的训练策略和方法。训练计划应根据运动员的个人条件、所担任的角色以及训练的时机进行个性化调整。训练的安排应基于运动员的个人特征、比赛的需求和可用的训练资源，始终以提高专项成绩和技术水平为核心目标。同时，教师应考虑运动员的主观意愿和客观条件，以及专项训练的具体需求，合理设定体能训练的内容和负荷。此外，教师还应确保运动员的各项运动素质能够均衡发展，以满足更好地促进运动技术水平提高的需求。

（6）体能训练的方法和手段要多样化

重复单一的训练方式会导致训练过程变得乏味，降低运动员的训练热情，并且不足以满足气排球运动对体能的全面需求。因此，即使是相同的训练内容，也应定期更换训练方式和方法，提出不同的目标和要求。可以采用竞赛、游戏、测试和评估等多样化的方法来激发运动员的积极性，从而实现更优的训练成效。

（五）体能训练的发展趋势

1. 重视科学选材和科学训练

科学化选材主要依据遗传学原理，并结合气排球运动的具体需求，研究和确定选拔气排球运动员时所依据的形态、生理、心理和智力等方面的测试指标与评估方法。这一过程旨在发掘在气排球领域具有显著天赋和成长潜力的运动员。

训练科学化则侧重于探究气排球运动的内在规律，并据此设定训练目标、策略、内容、方法和手段等。目的是高效地培育运动员在专项领域所需的各类独特体能、技能和智能，并以此推动气排球运动员竞技能力的全面提升。此外，还包括对训练过程中各种影响因素的研究，如训练负荷的控制、训练成效的评估，以及训练与比赛之间的相互关系，以更好地提升项目的运动训练科学化水平。[①]

2. 运动人体科学研究直接服务于体能训练

在当前全民健身运动和国民体质提升的浪潮中，运动生理学、运动生物化学、运动医学等领域的科研人员走出了实验室，积极参与到各类运动场所中，为运动实践提供专业服务。他们通过监测运动员的生理功能，科学地规划运动负荷，探索促进运动员体能恢复的策略；定期检测血乳酸水平，以确定增加运动强度的时机；同时，研究心肺功能，为运动训练提供科学依据。这些工作有助于优化训练计划，提高运动表现，同时保障运动员的健康和安全。

3. 传统和现代训练方法相结合，训练手段趋向多元化和模式化

气排球作为排球运动的一个分支，继承了竞技排球中持续、间歇、重复、循环以及比赛训练法的精髓。随着这项运动的广泛流行和高水平队伍的参与，引入了核心训练、功能恢复训练等先进方法和多样化的训练工具。例如，为了增强队员的敏捷性和协调性，采用了绳梯、平衡盘、瑞士球等训练设备，同时使用弹力带来提高力量素质。这些新方法和工具的引入，旨在进一步提升运动员的身体素质和竞技表现。

4. 高度重视功能性训练和高效能的恢复训练

当前排球项目的体能训练已经超越了单一的传统模式，转向功能性训练的发展路径。这种功能性体能训练更加接近技术动作的实际需求，重视多关节运动链的协同作用以及在不稳定状态下保持动作的稳定性。强化这种功能性体能训练对于提升气排球运动员的竞技能力具有显著的影响。在气排球的专项训练中，对高强度训练后的恢复训练也给予了越来越多的关注。在训练内容的规划上，强调了合理组合，

---

① 谭洁. 气排球运动教程［M］. 长沙：湖南师范大学出版社，2017：131－132.

例如在大负荷训练之后进行多种类型的拉伸活动，这有助于预防肌肉僵硬、受伤、缓解身体酸痛感，让肌肉恢复弹性；而在大强度力量训练后进行的有氧运动，则有助于促进身体机能的快速恢复。

5. 注重体能的整体性和分化性特征

整体性在体能训练中指的是对训练各要素的全面考虑和优化，包括对神经系统、肌肉系统和身体感知的功能性训练，以及多关节运动的协调性训练，目的是克服以往单一因素（如力量）、单一功能（如收腹）、单一关节训练的局限。分化性则意味着体能训练与专项训练的紧密结合，目标更明确，训练内容更具体，以增强训练的专项适应性。气排球是一项典型的间歇性运动，它由短时间的高强度爆发动作和短暂的休息间隔交替组成。这种运动包括了多次、快速、全力以赴的有球技术动作（如传球、垫球、发球、扣球、拦网）以及在暂停、换人、局间休息、"死球"等情况下的低强度无球技术动作。气排球运动以有氧代谢为基础，同时结合了有氧和无氧的能量供应。在气排球项目中运用整体性和分化性原则，就是在选择体能训练的方法时，尽可能全面地涵盖比赛中所需的各种专项体能，以实现各种体能的最佳协同效应。同时，要准确把握气排球运动的功能特性，特别强调无氧爆发力的训练以及在长时间内保持高强度对抗的体能储备。

二、气排球运动员专项身体素质训练实践

（一）气排球运动员的力量素质训练

气排球作为排球运动的一个衍生项目，继承了排球对运动员快速起跳、移动和挥臂击球的能力要求。因此，在对气排球运动员进行专项身体素质训练时，力量训练是核心内容。

运动员的力量素质主要取决于肌肉收缩的力量和速度，其中肌肉收缩的速度主要受遗传因素的生理影响，后天改善的空间有限，而肌肉收缩的力量则可以通过后天训练得到增强。因此，传统的肌肉收缩力量训练方法在提高排球运动员的力量素质方面依然有效。在训练过程中，应特别注意控制负荷的强度和量度。具体细节可参考下表。

表 4 – 1　负荷强度与重复次数对应关系表[①]

等级	小强度	中等强度			中上强度			大强度		次极限强度		极限强度	
强度（%）	<40	45	50	55	60	65	70	75	80	85	90	95	100
练习次数(次)	20以上	18~20	16~18	14~16	12~14	10~12	8~10	7~8	6~7	5~6	4~5	2~3	1~2

① 黄汉升. 球类运动——排球（第三版）[M]. 北京：高等教育出版社，2015：239.

在进行力量训练时，重要的是在不牺牲动作速度的情况下，逐步提升负荷的重量。目前，国内排球运动员普遍采用高负荷强度、低重复次数、快速动作的负重训练来增强力量。针对不同的肌肉群，通常实施中等至高强度的力量训练，每组练习6~12次，总组数维持在3~6组，每组之间的休息时间为2~3分钟，每周训练3次。各身体部位的具体训练方法如下所述：

1. 手指、手腕力量练习

（1）手指撑地做俯卧撑练习

动作描述：双臂完全伸展，与肩同宽分开，手掌五指的第一关节着地支撑，掌心不接触地面，身体从肩部到脚踝保持直线，通过弯曲手臂降低身体直到肩部与肘部齐平，然后平稳地将身体推回原位。如果手指和手腕的力量不足以支撑动力性训练，可以先进行静态的手指支撑训练。

动作顺序及要领：

起始姿势：采取俯撑姿势，双手五指分开，用指尖支撑身体，双臂完全伸展与地面成90°，两手间距与肩宽相同，保持胸部挺起、腹部收紧、腰部稳定，双腿并拢且伸直，脚掌前端着地，全身保持直线。

向下动作：降低身体，弯曲手臂使身体下沉，双臂向身体两侧弯曲，肘部自然向外展开，前臂与地面保持平行，在此位置稍作停留，大约2~3秒。

向上动作：当身体降至最低点后开始呼气，双手五指用力推地，伸直肘部，同时抬头挺胸，回到起始姿势，接着吸气，继续重复练习。

（2）用小哑铃或杠铃做腕屈伸练习

动作概述：坐在练习凳的一端，双脚平放于地面，身体向前倾斜，将肘部和前臂置于大腿上，手腕位置略超出膝关节，两手间距保持在20~30厘米。进行手腕屈曲练习时，以正握方式握住杠铃或哑铃；进行手腕伸展练习时，则以反握方式握住哑铃或杠铃。

屈腕练习动作要领：

向上动作：掌心朝上，用力握紧哑铃或杠铃，向上拉起，同时保持肘部和前臂静止不动，尽可能地屈曲手腕。然后缓慢放松手指和手腕，回到起始位置，保持身体和手臂的稳定，避免通过杠铃的摆动或身体其他部位的助力。

向下动作：慢慢伸展手腕和手指，恢复到起始姿势，同时保持躯干和手臂的位置不变。

伸腕练习动作要领：

向上动作：掌心朝下，伸展手指和手腕，将哑铃或杠铃向上提起，肘部和前臂保持固定，尽量伸展手腕。避免使用身体的摆动或额外力量来辅助提起杠铃。

向下动作：缓慢地弯曲手腕和手指，回到起始姿势，同时维持躯干和手臂的稳定位置。

（3）双手传足球或篮球练习

（4）手持哑铃做腕绕环练习

2. 手臂力量练习

（1）单人各种抛实心球练习

单手利用前臂和手腕的力量将实心球投掷出去，并用另一只手抓回，两手交替执行此动作。将球置于背后，双手同时将其抛过头顶并接住。双手将球向上抛出，身体转体360°后仰卧，然后迅速站起接住球。双手握住球，弯腰从两腿之间向后上方抛球，然后转身接住。[①]

（2）双人推小车运动练习

两人一组，一人在前，一人在后。后者抬起前者的双腿，前者用双手撑地，交替前进。前者需保持身体平直，手臂伸直。后者需紧握前者的小腿，控制好推动的速度，确保速度适中，避免过快。

（3）哑铃前平举、侧平举、肘臂屈伸和绕环练习

（4）杠铃提肘上拉练习

3. 背肌、腰腹肌力量训练

（1）杠铃划船练习

动作概述：杠铃划船是一种主要针对背肌的锻炼方式。由于其动作轨迹类似于划船，因此得名。除了使用专门的划船器械外，划船动作通常通过杠铃或哑铃来实现，分别称为杠铃划船和哑铃划船。

动作要领：

起始姿势：站立时双脚分开，与肩同宽或略宽，膝盖和臀部微弯，上身前倾至与地面近乎平行，保持背部挺直，目光朝前下方，双手正握杠铃，握距稍宽于肩膀，双臂伸直，杠铃悬挂在小腿前。

向上运动时：将杠铃向身体躯干方向提起，保持身体稳定，背部挺直，膝盖微弯，身体其他部位保持不动，提到杠铃接近上腹部位置，同时夹紧肩胛骨，手臂尽量贴近身体。

向下运动时：缓慢伸直肘部，将杠铃放回至起始位置，保持身体稳定，膝盖微弯。重复上述动作，完成练习后，通过屈膝和屈髋将杠铃安全地放回地面。

（2）仰卧两头起练习

动作要领：

---

① 黄汉升．球类运动——排球（第三版）［M］．北京：高等教育出版社，2015：240．

起始姿势：仰卧在垫上，手臂向后伸展，两脚伸直。

向上运动时：屈髋收腹，手臂和腿部同时向上收，手臂触碰脚尖。

向下运动时：打开弯曲的躯干，然后双臂和双腿分离，腹部收紧，回到起始姿势。

（3）四点支撑对侧交替抬起练习

（4）俯桥支撑练习

（5）引体向上或高位下拉练习

4. 下肢力量练习

（1）杠铃颈后深蹲练习

动作要领：

起始姿势：运动员将杠铃放至斜方肌和三角肌后束承担杠铃重量，双脚开立与肩同宽或略比肩宽，双手闭锁式握住杠铃，握距稍宽于肩。

向下运动时：保持背挺直，肘关节要抬高，挺胸并充分打开，保持躯干与地面角度的相对固定，缓慢屈髋、屈膝，保持脚跟着地，膝关节在脚的正上方，不要超过脚尖，不要前屈躯干或驼背，继续屈髋、屈膝，直到大腿与地面平行，在下降过程的最后阶段不要加速，也不要放松躯干。

向上运动时：保持背部挺直，同步伸髋、伸膝，保持躯干与地面角度的相对固定，保持高肘、挺胸的姿势，保持脚跟着地，膝关节在脚的正上方，不要前屈躯干或驼背，继续伸髋、伸膝，直到起始姿势，一组练习完成后，向前移动到达支架，将杠铃放好在架上后下蹲退出。

（2）杠铃硬拉练习

动作要领：

起始姿势：两脚开立，宽度介于肩宽与髋宽之间，脚尖朝前，略微外八字，下蹲，两手抓住杠铃，以闭锁式正反握法握住杠铃，肘伸直，背部挺直或略显弧形，斜方肌放松，略微拉长，挺胸，肩胛骨后缩，头与躯干成一条直线或微后伸，目光盯着前方或略上一点。

向上运动时：伸髋、伸膝，拉起杠铃，保持躯干与地面角度不变，保持背的挺直，尽可能靠近胫骨拉起杠铃，当杠铃刚刚超过膝关节时，髋部往前移动带动大腿向前，膝关节处于杠铃下方，当膝关节和髋关节完全伸展后形成一个垂直的身体站立位。

向下运动时：膝关节和髋关节缓慢屈回，将杠铃放置于地面上，保持背部挺直，躯干不能前屈。

（3）杠铃提踵练习

动作要领：

起始姿势：双脚开立与肩同宽或略比肩宽，站在台阶边缘，前脚掌着地，将杠铃放至斜方肌与三角肌后束，挺胸抬头，双手正握杠铃，略比肩宽，肩胛骨夹紧。

向上运动时：保持躯干直立，两腿平行分开，前脚掌用力点地，尽可能向上抬高身体，保持膝关节的伸展，但不要锁住。

向下运动时：逐渐缓慢还原到起始的姿势，身体姿势保持不变。

（4）杠铃颈前深蹲练习

（5）高翻练习

（6）哑铃火箭推练习

5. 力量素质训练时需要注意的问题

（1）循序渐进缓慢进行，逐渐递增训练负荷

根据力量增长快消退也快和增长慢消退也慢的规律，当队员对某一负荷适应后，应增加负荷刺激，使运动员始终处于不适应状态，不断打破旧的循环，建立新的循环，大负荷训练能使肌肉最大限度地收缩，从而刺激肌肉产生相应的肌力，使肌力不断地有所提高。[①] 通过实践的有效证明，每周安排一到两次的力量训练可保持原有力量状态，只有长期坚持训练，才能使力量得以逐步增长并有所提高。

（2）全面平衡发展

上下肢、前后肌群要平衡发展，离心收缩与向心收缩要成比例，主动肌、协同肌与对抗肌的放松练习也要纳入力量训练计划中，在一节力量训练课中，其安排应循序从大肌群训练至小肌群的训练。在常年或多年的训练过程中应坚持小肌群训练的不间断。

（3）突出速度

爆发力训练突出的是速度因素，不要只注重提高负荷量与难度，在不完全降低动作速度的情况下，可以逐渐提高负荷的重量，主要是在正确动作的引导下去选择合适的负荷强度，重点突出速度。[②]

（4）训练手段和方法力求多样

任何长时间单一的练习方法都会使队员感到枯燥甚至厌倦，单一练习手段对队员机体的影响不可能是全面的，为了提高队员练习的兴趣，全面增强队员的身体机能，应根据力量训练的任务，结合队员的身心特点，力求训练手段和方法新颖、多

---

① 谭洁. 气排球运动教程［M］. 长沙：湖南师范大学出版社，2017：134.
② 黄汉升. 球类运动——排球（第三版）［M］. 北京：高等教育出版社，2015：236 - 240.

样化。

（5）集中与分散刺激相结合

每次力量训练不应集中某一部位进行，集中刺激容易给机体留下较深的痕迹。集中刺激过于频繁，容易使局部肌肉产生疲劳甚至损伤。只有将集中刺激和分散刺激安排结合起来，才能使身体各部位的力量协调发展，相互促进。

（二）气排球运动员速度素质训练

在气排球运动中，速度素质同样分为反应速度、动作速度以及移动速度三类。反应速度是指运动员在球场上根据球的运动以及队员行动的变化所作出的快速应答能力；动作速度是指运动员完成各种击球动作的速度；移动速度是运动员在单位时间内位移的距离。不同类别速度素质训练方法参考如下：[1]

1. 反应速度练习

根据气排球的项目特点，采取反应速度训练时，应多以视觉信号为主。

（1）固定信号起跑练习

运动员通过教师发出的信号指示向各个方向起跑，预备姿势可以成站立姿势，也可以是稍蹲姿势或半蹲姿势。

（2）多元信号转身接球练习

队员背对教师站立，教师向队员后方掷出各种变换球的同时发出指定信号，让队员转身将球接住后再抛给教师。[2]

（3）垫反弹球练习

队员面对墙 2~3 米站立做好准备，教师从队员身后突然将球扔到墙上，要求队员将反弹回的球垫起。教师扔球的角度要根据运动员的反应而决定，并掌握好练习的难度。[3]

2. 动作速度练习

动作速度与技术动作的正确掌握密切相关，提升动作速度首先需要熟悉、掌握正确的技术动作并形成稳定的运动动作定型，这样才能使技术动作更为合理、有效且快速的运用。

（1）徒手连续挥臂练习

在保证动作正确的前提下，徒手挥臂击打标志物，并逐渐增加速度。可进行 30 秒计数。

① 黎禾. 大众气排球 ［M］. 北京：北京体育大学出版社，2016：131.
② 康利则，马海涛. 体能训练理论与方法 ［M］ 西安：陕西人民出版社，2011：177.
③ 谭洁. 气排球运动教程 ［M］. 长沙：湖南师范大学出版社，2017：135－136.

（2）负重挥臂练习

手持小哑铃或手臂负重沙袋，在增加阻力的条件下进行正确的扣球或发球挥臂的徒手动作训练，练习一段时间后去除阻力，再结合球进行扣球或发球的挥臂练习。

（3）连续做徒手助跑起跳扣球练习

（4）负重连续做徒手助跑起跳扣球练习

3. 移动速度练习

在气排球比赛中所采用的移动方式较常用的为短距离的低姿移动，对移动的方向、速度有很高的要求，且移动时不仅有由静到动，还有由动到静、由动到动的特点，在训练时需要格外注意。

（1）半米字移动练习

运动员从气排球场端线中点出发，分别向端线最左端、进攻线最左端、进攻线中点、进攻线最右端、端线最右端进行移动，每到一个点位时需返回端线中点，再向下一个目标点进行移动，运动轨迹近似于半米字。练习时可在每个点位放置标志物，以触碰标志物为成功，移动速度以时间为准，即从端线中点出发开始至由端线最右端向端线中点触碰标志物为止。

（2）左右跨步移动练习

左右距离三米，利用跨步动作进行左右方向的移动练习，可在左右两端放置标志物。

（3）前后交叉步移动练习

前后距离三米，利用交叉步动作进行前后方向的移动练习，可在前后两端放置标志物。

（4）30 米直线冲刺跑

4. 速度素质训练时需要注意的问题

（1）速度训练应安排在队员中枢神经系统处于良好兴奋状态时进行，否则动作的协调性将受到破坏，快速完成练习的能力也会丧失。在每次训练课的前半部分，在适应性练习后进行速度练习训练效果较好。

（2）专项速度练习要和专项技术训练紧密结合。专项速度练习可以帮助队员建立专项运动时的条件反射，从而能更好地提高专项技术运用中的反应速度。实践证明，反应速度结合气排球场地和球来进行，比单独练习某一项专项速度提高得更快。所以应结合专门技术来练，即与所采用的技战术特点相适应。[①]

（3）训练中应结合气排球运动的特点练速度，应多采用视觉信号，练习中主要

---

① 黎禾. 大众气排球［M］. 北京：北京体育大学出版社，2016：251.

以看球或看人的动作让队员做出相应的反应动作。

（4）移动速度练习以短距离为主，强调起动速度和起动后的加速度要快。

（5）进行速度素质练习时，需集中注意力、充分热身。

（三）气排球运动员耐力素质训练

气排球比赛是由多次短时间爆发式身体运动和短暂间歇休息组合而成的一种间歇式竞技运动，根据其比赛特点，可以认为气排球运动的耐力素质是由有氧耐力为基础、无氧耐力为主导的。因此，气排球运动员进行耐力素质的训练时，要从无氧耐力和有氧耐力两个方面入手。部分耐力素质训练方法参考如下：

1. 耐力素质训练方法

（1）连续的小负荷、多次数的力量训练

（2）连续扣球练习

两人轮流连续扣抛球 30~40 次为一组，组间休息 4 分钟。

（3）连续移动拦网练习

队员在 3 号位原地跳起拦两次，落地后移动至 4 号位拦一次，再回到 3 号位拦一次，移动到 2 号位拦两次，再回到 3 号位拦两次。如此重复 2~3 个循环为一组。

（4）气排球比赛模仿练习

队员从 1 号位防起一个扣球，之后前移防起一个吊球；移动到 5 号位调整传球一次，再移动到 4 号位扣球一次；移动到 3 号位做一次拦网动作，后撤上步扣球，再移到 2 号位一次单脚起跳扣球为一组，连续做若干组。①

（5）延长比赛练习

进行练习赛时可增加每局比赛胜利的分数，如由 21 分制延长为 25 分制；或增加比赛的局数，如由三局两胜增加为五局三胜甚至七局四胜，以提升运动员的耐力素质。

2. 耐力素质训练时需要注意的问题

（1）耐力素质属于基础素质，应在全年训练计划中作好统筹安排。通常在冬训或一年训练之初多安排一般耐力的训练，以作为全面训练的基础；在夏训和赛前可减少一般耐力的训练，增加专项耐力的训练；在比赛期间要酌情安排专项耐力训练，但不宜过多。

（2）气排球专项耐力训练需要将有氧耐力和无氧耐力训练、移动耐力和弹跳耐力有机结合。

（3）在气排球各种技战术和身体训练中只要安排得当都可以提高耐力，但要注

---

① 谭洁. 气排球运动教程［M］. 长沙：湖南师范大学出版社，2017：139 – 142.

意在练习时间、密度、强度的安排上应有意识地结合气排球耐力训练的要求。

（4）耐力训练对队员的意志品质要求较高。坚强的意志能充分发挥队员的内部动因，提高抗疲劳能力，促进耐力训练水平。因此，在耐力训练中要注重队员意志品质的培养。

（5）耐力训练要持之以恒。耐力素质消退较快，所以每周至少应坚持一到两次有一定强度的耐力训练，才能使自身耐力素质得到保持。①

（6）耐力训练需因人而异。根据生长发育特点，儿童少年不宜过早进行大强度的耐力训练。老年人需根据自身耐力基础合理安排耐力训练强度。

（四）气排球运动员灵敏素质训练

灵敏素质是指在各种突然变化的一些条件下，运动员能迅速、准确、协调地完成相应动作的能力，又称灵敏性。气排球比赛中，攻防转换的速度快，要求运动员能迅速对赛场情况做出正确应答。因此，在气排球运动中，灵敏素质是最主要的运动素质之一。部分灵敏素质训练方法参考如下：

1. 脚步移动灵敏性练习

（1）36 米移动练习

以气排球场地边线为起点，向场地中点（垂直与边线 3 米处）进行两个来回前后移动，再转为两个来回左右移动，最后向另一端边线（距起点 6 米）进行一个来回的移动。

（2）T 字移动练习

由进攻线最左端、最右端、中点以及端线中点组成一个 T 字，每个点位放置一个标志物。由端线中点出发，向进攻线中点前进，触碰标志物后，先向左移动触碰最左端标志物，再向最右端移动并触碰标志物，然后回到进攻线中点，后退至起点端线中点处。

（3）绳梯脚步练习

（4）8 字型跑练习

2. 弹跳灵敏性练习

（1）十字形跳（见图 3 - 1）

运动员从交叉点以单脚或双脚跳入 1 区，然后依次连续跳入 2、3、4 区，再由 4 区跳入 1 区，循环往复连续跳跃，每次以 10 秒为一组，记录每组跳跃的次数。

（2）六边形跳（见图 3 - 2）

运动员站在边长为 61 厘米的六边形中间，听到口令后单脚或双脚跳过 A 线，再

---

① 谭洁. 气排球运动教程［M］. 长沙：湖南师范大学出版社，2017：142.

原路跳回到六边形中间。按照字母顺序跳完六个边线，最后回到六边形中间。重复三次为一组，记录每组的所用时间。

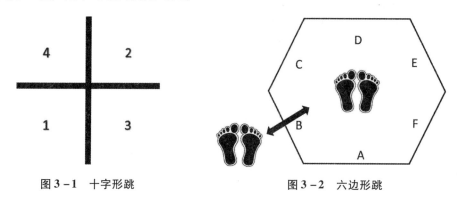

图 3 – 1　十字形跳　　　　　　　图 3 – 2　六边形跳

（3）单脚连续跳练习

以某点、某线为标志，利用单脚进行前后或左右连续跳跃练习。

3. 结合场地和球的灵敏性练习

（1）根据不同信号，队员分别做快速起动、制动、变速、变向及跳跃、滚动等动作。

（2）队员先做拦网动作，落地后做一次扣球或吊球，再上步拦网，循环多次。

（3）网前拦网一次，转身退到进攻线救一个球，然后回到网前传一个球。

（4）教师连续向不同方向抛出球，队员按照要求分别做变速、变向及跳跃、滚翻等动作将球击向指定目标。①

4. 灵敏素质训练需要注意的问题

（1）气排球运动中的灵敏素质是由判断能力、反应速度、移动速度、爆发力和协调性几种素质与气排球技术结合而成，灵敏素质训练要求队员注意力集中，动作准确快速，因此应把灵敏素质训练放在课的前半部分进行。

（2）灵敏素质训练要注重对腰部、腹部、背部的训练，它们作为连接上下肢的纽带，身体的各种活动都离不开它们的配合，对于身体的灵敏素质也起着重要的作用。

（3）灵敏素质训练应以视觉信号为主。在气排球运动中，运动员的灵敏性反应多来自对已观察到的情况的判断，根据观察与判断及时地做出动作反应，所以要积极发展运动员的观察能力，提高他们神经系统的反应能力。

（4）根据年龄特点，安排好灵敏素质训练。13～14岁以前，通过训练来发展灵敏素质可以取得较大的效果；15～16岁是快速生长期，灵敏素质增长较慢；到18岁以后灵敏素质又以稳定的速度增长。训练中要根据运动员生理特点和实际情况，抓

① 黄汉升. 球类运动——排球（第三版）［M］. 北京：高等教育出版社，2015：142

住灵敏素质发展的规律和时机,科学地安排训练,才能得到良好的效果。

(5)灵敏素质训练的内容和动作设计应考虑到气排球技术动作的特殊性。如滚翻、前扑、鱼跃、起立、起跳、空中动作等,应考虑到气排球技术的实际运用,使灵敏素质提高的同时又能直接地应用到各类实际比赛中。①

(6)灵敏素质是与多种素质结合而成的,不是单独训练可以完全获得的,因此在训练灵敏素质时应注意与其他素质训练结合进行,以得到更好的效果。

(五)气排球运动员柔韧素质训练

柔韧素质是指人体关节在不同方向上的运动能力及肌肉、韧带等组织的弹性和伸展能力,其通过关节的运动幅度来表现,气排球运动员对柔韧素质的要求较高,特别是肩、腰、髋的柔韧素质要高,肩、腰的柔韧程度可以影响扣球、发球时的动作幅度以及球的力量以及控制范围;腰、髋的柔韧素质可以影响运动员移动、深蹲的表现。因此,气排球运动员需要重视柔韧素质的练习。部分柔韧素质训练方法参考如下:

1. 发展手指、手腕的柔韧素质

(1)两手相对,掌心空出,指尖互触,反复弹压练习。

(2)压腕练习。

(3)手持短器械做手腕绕环练习。

(4)队员手扶肋木,两腿开立脚跟着地并固定,做前、后、左、右转踝练习。

2. 发展肩关节柔韧素质

(1)两臂前后绕环和上下摆振练习。

(2)手扶墙(或肋木)压肩、压腰练习。

(3)在单杠和肋木上做单拉、双拉肩练习。两人相对,手扶对方肩部,同时做体前屈压肩练习。

(4)背对肋木坐下,两手从头上握住肋木,两脚不动,腰尽量向前挺起,持续数秒钟。

3. 发展腿部的柔韧素质

(1)两腿交换作前、后、左、右摆振练习。

(2)各种踢腿动作:向前踢、向后踢、向侧踢等。可以徒手做,也可以扶墙、树干或肋木做。

4. 发展腰、髋的柔韧素质

(1)上体弹振前后屈(后屈时加弹性阻力和保护)。②

---

① 谭洁. 气排球运动教程 [M]. 长沙:湖南师范大学出版社,2017:145.
② 谭洁. 气排球运动教程 [M]. 长沙:湖南师范大学出版社,2017:146.

（2）双手握单杠或吊环做腰回旋动作。

（3）队员背对背直臂的互握，平举或屈肘互勾做大幅度体转动作。

（4）正压腿，侧压腿（地上或肋木上）。

（5）纵劈腿，横劈腿。

（6）屈腿坐下，两脚掌心相对，双手放在膝关节上并不断向下弹压。

5. 发展踝关节柔韧素质

（1）跪坐压踝。

（2）负中等重量，踝关节做屈伸动作，如提踵。

（3）脚放在高约 10 厘米的木板上，足跟着地，做负重全蹲练习。

（4）踮起脚尖，做踝关节的绕环练习。

6. 柔韧素质训练应注意的问题

（1）发展柔韧素质应与力量训练相结合。力量训练与柔韧素质训练相结合，可以很大程度上避免两者之间的消极影响，并且更好的协调发展。在大强度力量训练后可安排充分的柔韧素质训练，有利于降低肌肉酸痛，并为下次训练做好准备。

（2）柔韧素质训练需持之以恒。柔韧素质的消退相比较其他身体素质消退速度很快，因此在通过练习提升柔韧素质后，还需长期保持，以防训练效果消退。在保持阶段，一周安排可不超过 2~3 次，训练量也可以减少。

（3）柔韧素质训练前需做好充分的准备活动。良好的热身有益于提升拉伸效果。若在准备活动不充分时就开始柔韧素质训练，此时肌肉的粘滞性较高、韧带的弹性较差，易造成损伤。在练习之前，可先进行慢跑热身，提高拉伸部位的血流量。

（4）柔韧素质训练要适应专项运动项目的要求。气排球运动所表现的柔韧素质，不仅仅只针对某个动作中某一关节或身体某一部位，它往往牵扯到两个或两个以上的关节和身体部位。所以在训练时要对主要柔韧素质活动区的各相关关节、部位进行延伸训练。同时，还要根据队员自身的关节结构和身体体态的差异，结合专项技术适当加大其活动范围，并根据队员实际情况安排练习内容，不能过度训练和提出过高的要求，避免因与技术要求不符或过度训练引发伤害事故。[①]

三、不同年龄阶段的气排球运动员身体素质训练及要求

（一）老年气排球运动员身体特点及体能训练的要求

中枢神经系统：老年人神经系统的兴奋和抑制过程呈不平衡状态，抑制过程占优势，表现为不好活动，精力不足。因此，在体能训练中要注意合理调动身体的积

---

① 谭洁. 气排球运动教程［M］. 长沙：湖南师范大学出版社，2017：146.

极性，安排好运动量和训练方法。

骨骼系统：老年人骨骼的承受力和张力优于青少年，但骨密度差，骨质易疏松，因此在体能训练中，要注意不要使身体局部负担过大，力量训练时要注意负荷安排，避免大重量的练习，不宜在水泥或沥青场地反复进行跳跃练习。

肌肉系统：老年人肌肉开始萎缩，肌肉的收缩和弹性也开始下降。因此，在发展肌肉力量时，宜多做各种徒手练习、小负重和不剧烈跳跃练习来发展肌肉力量。

心血管系统：老年人随着年龄的增长、心脏容量、容积以及心率不断变化，60岁后，心收缩力开始减弱，血管弹性与血压水平均呈下降趋势。因此，在对老年人进行体能训练时应合理安排运动负荷，不宜做持续而紧张的耐力性练习，间歇次数要多些。应多做些促进血液循环系统功能的练习。

呼吸系统：呼吸系统衰老的主要变化是肺泡壁变薄，肺泡增大，肺毛细血管数目减少，肺组织弹性下降以及呼吸肌无力等，造成肺泡扩散有效面积减小，肺残气量增加和肺活量下降。因此，在运动中注意依靠增加呼吸频率来提高肺通气量。

（二）中年气排球运动员身体特点及体能训练的要求

中枢神经系统：主要表现为精神活动比较平缓，对情绪性刺激的反应不像青年时期那样剧烈，体现出有充沛的精力等特点，但是，在外在获取的知识更加丰富、理解力又不断增强的同时，记忆力也会逐渐下降，反应速度相较于青年时期变得更慢，在训练活动中要根据自身情况适时安排好运动量，注意对自身运动状态的调整。

骨骼系统：主要是骨骼的脆性增加，骨质容易增生，易发生骨折和多种骨关节病，运动中要注意骨骼的安全。在气排球训练活动中，注意运动状态的调整。

肌肉系统：肌肉张力开始下降，脂肪附着增多，肌肉易疲劳。

心血管系统：中年人血管壁的弹性降低，血管运动功能和血压调节能力减弱；血液胆固醇浓度随着年龄增大而增高，可引起心脏动脉及脑动脉的粥样硬化；血管病变到一定程度可引起心脏和脑的供血不足甚至缺血，造成冠心病和脑血管病。因此，在对中年人体能训练时应合理安排运动负荷，不宜做持续而紧张的耐力性练习。

呼吸系统：呼吸系统功能的变化主要是肺的扩张和收缩能力下降，使肺活量减少，呼吸功能减弱。在气排球训练活动中应注意掌握活动量，注意活动环境的空气质量。

（三）青少年气排球运动员身体特点及体能训练要求①

中枢神经系统：青少年运动员神经系统的发育优于其他系统，神经活动的兴奋和抑制过程呈不平衡状态，兴奋过程占优势，表现为活泼好动，精力充沛；由于新

---

① 谭洁. 气排球运动教程［M］. 长沙：湖南师范大学出版社，2017：127－128.

陈代谢过程旺盛，疲劳也容易恢复，模仿能力较强，容易建立条件反射，但动作不够协调精确，不巩固，易消退，神经活动中第二信号系统的活动还不完善，抽象思维能力较差。因此，在体能训练中要多做示范练习，使用直观形象的手段与方法，让他们能直接有形象的各肌肉本体感觉，形成正确的动力定型。

骨骼系统：青少年运动员骨骼迅速增粗和加长，一般平均每年长 7～8 厘米（有的长 10～12 厘米）。12～14 岁的女少年和 13～15 岁的男少年处于性成熟的前期，骨骼的生长速度加快，骨的成分比成年人胶质多，钙质少，未完全骨化，骨的弹性和韧性较好，但承受力和张力不如成年人。在体能训练中，要注意身体的全面发展，防止局部负担过大，多做对称性练习，并用多种方法交替进行，这一阶段宜做速度、跳跃的练习，促进骨骼的增长，力量训练时要注意负荷，避免大重量的练习或过多采用静力训练，不宜在水泥或沥青场地反复进行跳跃练习。

肌肉系统：青少年运动员肌肉中水分较多，蛋白质含量较少，随着年龄的增长，肌肉中的蛋白质含量逐渐增加，肌肉的收缩和弹性也随之提高，但柔韧性相对降低。肌肉的重量也随年龄的增长而增长，8～12 岁肌肉生长速度开始加快，尤其是 15～18 岁增长最快。在 12～15 岁阶段肌肉主要是纵向增长，肌肉雏形是细长的，与成年人相比，肌肉横断面积较小，肌肉的收缩力、伸展性、弹性和耐抗力不如成年人。因此，在发展肌肉力量时，宜多做多种徒手练习，不负重的跑和跳跃练习来发展肌肉力量。15 岁开始，适当增加负重量。发展力量应以动力的练习为主，宜多做助跑起跳，变向移动，挥臂击球等练习。要增强肩、膝、踝和腰背肌、腹肌的力量，多做一些带有爆发性而又能很快自然放松的练习。要注意发展小肌肉群的力量，保证身体得到全面发展。

心血管系统：青少年运动员心肌纤维短而细，肌纤维之间的间质较少，心脏重量比成人小。随着年龄的增长，心脏的重量、容积及其心率不断变化，到 18 岁时接近成年人水平。心收缩力较弱，心输出量较小，但新陈代谢旺盛，交感神经系统占优势，心率比成年人快，心脏功能和神经系统的调节均不及成年人，但血管弹性优于成年人，血压比成人低，16～17 岁时血压接近成年人水平。因此，在对学生进行体能训练时应合理安排运动负荷，少儿运动员不宜做持续而紧张的耐力性练习，随着年龄的增长，可逐渐增加耐力训练的比重，但练习密度可大些，间歇次数要多些。①

13～14 岁以后可以承受较大的运动负荷，但要区别对待。要适当多做一些促进血液循环系统功能的练习。例如，间歇竞赛跑游戏、打篮球、踢足球等活动，以提

① 谭洁. 气排球运动教程［M］. 长沙：湖南师范大学出版社，2017：128－129.

高血液循环和呼吸机能。

呼吸系统：青少年的呼吸系统处在生长发育的过程中，他们的呼吸频率较快（12～13岁为12～14次/分），呼吸深度和肺通气量均比成年人低，屏气时间较成年人短；随着年龄的增大，呼吸机能逐渐提高。因此，在进行体能训练时，要突出以强度为主的间歇性训练，避免强度较大且持续时间较长的练习。训练强度应循序渐进，不能要求过急。要培养他们加大呼吸深度和使呼吸与动作配合的能力，尽量减少屏气活动。

女运动员青春期：女运动员从11～13岁就进入了青春期，在生理和心理上产生了较大的变化。经期进行体能训练，容易使她们在精神上产生恐惧和紧张感。因此应严格遵守区别对待的原则，对月经期反应正常的运动员，可以进行适当合理的训练内容，尽量减少避免剧烈的跳跃、静止用力、猛烈的收腹、收腿动作和长时间屏气动作。经期适量训练，能促进血液循环，调节大脑皮质的兴奋和抑制过程，有利于减轻或消除经期中的不良反应。对刚出现月经期和月经期没有训练习惯的运动员应注意循序渐进，逐步提高她们适应训练的能力。经期训练应避免做跨跳、劈腿和剧烈的活动。如发现月经失调，应进行医务检查，调整或停止训练。平时应注意加强腰腹肌和盆底肌的锻炼，可以预防痛经等不适反应，而且对于提高动作的灵活性有很大的帮助。

总体而言，对于不同年龄、不同性别的气排球运动员，采用不同的教学训练任务与内容，科学训练，才能真正做到促进健康，提高运动成绩。

第四章 气排球裁判

第一节 场地与器材

一、比赛场地

气排球比赛场地包括比赛场区和无障碍区。比赛场区为长 12 米、宽 6 米的长方形。场地的地面必须平坦、水平，并不得有任何可能伤害队员的隐患，也不得在粗糙或易滑的地面上进行比赛。其四周必须有 2 ~ 3 米宽的无障碍区，从地面向上至少有 7 米的无障碍空间（非正式比赛，面积可适当调整）。

（一）比赛场地的画线（见图 4 - 1）

场地上所有的线均宽 5 厘米，有边线、端线、中线、进攻线、进攻线延长线、发球区短线和跳发球限制线，其颜色须区别于场地颜色。

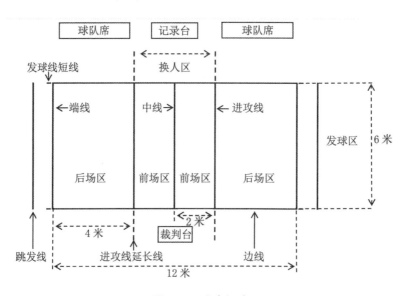

图 4 - 1 比赛场地

（1）界线

两条边线和两条端线划定了比赛场区。边线和端线都包括在比赛场区面积之内。两条长线为边线，两条短线为端线。①

（2）中线

中线连接两条边线的中点。中线将比赛场区分为长 6 米、宽 6 米的两个相等的场区。

（3）进攻线

每个场区各有一条距中线 2 米的进攻线。进攻线（包括进攻线的宽度）前为前场区。进攻线与端线之间为后场区。进攻线外两侧各画长 15 厘米、间距 20 厘米的三段虚线为进攻线延长线。两条进攻线的延长线与记录台一侧边线外的范围为换人区。

（4）发球区短线

端线后两条边线的延长线各有一条长 15 厘米、垂直并距离端线 20 厘米的短线，为发球区短线。两条短线（含短线宽度）之间的区域为发球区，发球区深度延至无障碍区的终端。

（5）跳发球限制线

在距端线后 1 米处画一条平行于且与端线长度相等的平行线为跳发球限制线；跳发球必须在该线后完成起跳动作。②

（二）裁判台

裁判台设在球网的一端，面向记录台，一般使裁判员的水平视线高出球网上沿 50 厘米左右为宜。

二、场地画法及检测

（一）场地画法（见图 4 - 2）

先在场地中间画一条 6 米长的中线 MN，取中点为圆心，以 6.71 米为半径，向 4 个场角画弧。再分别以 M 点、N 点为圆心，以 6 米为半径画弧，分别同前面的 4 个弧线相交，共成 A、B、C、D 四个点。连接这四个点便形成了场区的边线和端线。再分别以 M 点、N 点为圆心，以 2 米为半径，在各边线上截取 E、F、G、H 四个点，连接 EG、FH 成进攻线。③

① 谭洁. 气排球运动教程 [M]. 长沙：湖南师范大学出版社，2017：181 - 182.
② 谭洁. 气排球运动教程 [M]. 长沙：湖南师范大学出版社，2017：182.
③ 李莹. 气排球 [M]. 北京：中国人民大学出版社，2018：174.

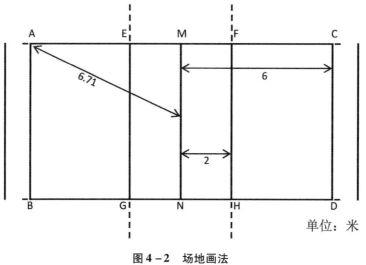

图4-2 场地画法

（二）场地的检测（见图4-3）

（1）界线全部为5厘米宽。

（2）两个场区对角线之间距离必须一致。

（3）线的颜色与场区和无障碍区的颜色应有明显区别。[1]

（4）若正式比赛场地上有其他体育项目的画线，其颜色应与气排球比赛界线有所区别。

（5）中线左右平均分在双方场区面积内。[2]

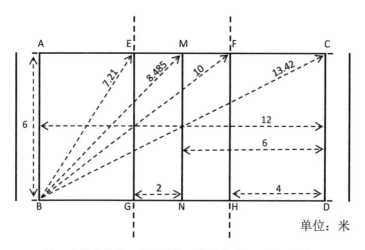

注：丈量中线是以中点计算，其他各线均以外沿计算。

图4-3 场地检测示意图

① 李莹. 气排球 ［M］. 北京：中国人民大学出版社，2018：174.

② 谭洁. 气排球运动教程 ［M］. 长沙：湖南师范大学出版社，2017：183.

三、器材与设备

（一）球网和网柱

（1）球网

球网架设在中线上空，在中线的垂直面上，为黑色。全长7米、宽1（0.8）米，网孔面积为10（8）平方厘米。网的上沿缝有5厘米宽的白色双层帆布带，中间用柔软的钢丝绳穿过，网的下沿用绳索穿起，上下沿拉紧并固定在网柱上。球网的两端各系一条宽5厘米、长1（0.8）米的标志带，垂直于边线。两条标志带的外沿、球网的不同侧面，分别设置长1.8米、直径10毫米、有韧性的标志杆，高出球网80（100）厘米。标志杆每10厘米应涂有红白相间的颜色。

球网的张力适中，一定拉紧使球反弹，但又不能弹性过大。第一裁判员应用球掷向球网的方法进行检查，视球反弹情况判定是否符合要求。不能使用中间凸起的球网或网眼破损的球网。

球网高度：五人制比赛男子2.1（2）米，女子1.9（1.8）米；四人制比赛男子2.1米，女子1.9米（现多地中年组五人制的比赛也采用此高度）。球网高度应用量尺从场地中间丈量，球网两端（边线上空）的高度必须相等，不得超过规定网高2厘米。

（2）网柱

两根高2.22米的网柱用圆形光滑的金属材料制成（需能调节高度），分别架设在两条边线外0.5～1米的中线延长线上。比赛之前或比赛期间，裁判员必须检查网柱和裁判台有没有对队员构成危险的因素（例如网柱突出的绞盘、挂钩等）。

（二）球

球为圆形，球的面料由柔软的高密度合成革材质制成。颜色为彩色。圆周长为72～78厘米，重量为120～140克，气压为0.15～0.18千克/平方厘米。一次比赛所用的球必须是同一特性、同一品牌的球。

（三）其他器材与设备

（1）黄牌和红牌。第一裁判员判罚用。

（2）司线旗。一般为红色，尺寸为40厘米×40厘米。

（3）换人号码牌。比赛换人时使用，一般为1～19号。①

（4）比分显示牌。

（5）气排球比赛位置表、比赛成绩表、简易记分表、正式记分表。

---

① 李莹.气排球［M］.北京：中国人民大学出版社，2018：175.

（6）裁判台。长约 80 厘米、宽约 70 厘米，调节范围在 $1.1 \sim 1.2$ 米高度之间的升降台。[①]

（7）记录台。

（8）球队席长凳。

（9）记录夹、三角尺、记录笔。

（10）广播器材。

（11）网高丈量尺。

第二节　竞赛规则

一、气排球裁判员的组成及主要职责[②]

规则是比赛的规定，是判断的依据。作为裁判员必须精通规则，熟悉业务和严格执行规则。从第一裁判员到记录员，每个成员的工作都是一场裁判工作的重要组成部分并构成一个整体，这就需要每位裁判人员都能认真负责，互相尊重，密切配合。然而由于分工的不同，裁判人员的职权、职责也各不相间，在工作中必须正确对待分工，职责分明，才能保证比赛顺利进行。一场比赛的裁判员由第一裁判员、第二裁判员以及二名司线员，一至二名记录员组成。

（一）第一裁判员

1. 位置

第一裁判员站在球网一端的裁判台上执行其职责，水平视线必须高出球网上沿 50 厘米。

2. 权力

（1）自始至终领导该场比赛，对所有裁判员和球队成员行使权力。比赛中，第一裁判员的判定为最终判定，如果发现其他裁判员的错误，有权改判。甚至可撤换不称职的裁判员。

（2）有权决定涉及比赛的一切问题，包括规则中没有规定的问题。

（3）不允许对其判定进行任何讨论。但当场上队长提出请求时，应对判定所依

① 李莹. 气排球［M］. 北京：中国人民大学出版社，2018：175.
② 谭洁. 气排球运动教程［M］. 长沙：湖南师范大学出版社，2017：175.

据的规则和规则的执行给予解释。

（4）如果场上队长表示不同意他的解释，并立即声明保留比赛结束后将抗议写在记分表上的权利时，必须准许。①

3. 比赛前的工作职责

（1）主持临场裁判员、司线员、辅助人员的准备工作会议。

（2）检查场地、器材、比赛用球和队员的比赛服、用具等。

（3）主持抽签，掌握准备活动时间。

（4）向第二裁判员、司线员提出具体配合要求。

（5）核对记分表上的队员号码是否有误。

（6）主持入场仪式。

（7）介绍裁判员后，进入工作位置。

（8）观察第二裁判员和记录员核对队员场上位置，双方队长号码，明确前、后排队员位置等。

（9）记录员和第二裁判员用双手上举表示工作就绪后，鸣哨发球。②

4. 比赛中的工作职责

（1）发球犯规和发球队位置错误，包括发球掩护。

（2）比赛击球犯规。

（3）触网犯规（高于球网和球网上部的犯规）。

（4）进攻性击球犯规。

（5）过网拦网犯规。

（6）球的整体从网下空间穿越。

（7）后排队员完成拦网。

（8）穿越中线进入对方场区犯规。

5. 比赛后的工作职责

（1）主持退场仪式。

（2）接受双方队长、教练员的致谢。

（3）督促双方队长签字。

（4）如果队长有异议，允许其填写在记分表上。

（5）致谢合作的裁判员。

（6）检查记分表并签字。

---

① 黄恩洪，徐连军，唐晓怡. 高校排球运动理论与实践［M］. 北京：中国商务出版社，2007：139.
② 谭洁. 气排球运动教程［M］. 长沙：湖南师范大学出版社，2017：175.

6. 应注意的问题

第一裁判员站在裁判台上执裁，在比赛过程中必须保持与其他裁判员（第二裁判员，记录员，司线员）的合作，并赋予他们在其职责范围内工作的权利。例如：

（1）在鸣哨成死球时，第一裁判员应迅速环视一下其他裁判员，再用规定手势作出最终判定。

（2）当球击在界线附近时，第一裁判员要先观察相关司线员的旗示。

（3）比赛中间，第一裁判员一定要时常观看第二裁判员。第二裁判员在需要的时候可作出四次击球、连击等方面的提示。

（4）对触手出界的判断主要由第一裁判员和司线员负责，当球通过拦网队员或后排防守队员飞出界外时，第一裁判员应观察司线员的旗示再作出最终判断（球是否触手出界绝不能询问队员）。

（5）第一裁判员应保证第二裁判员和记录员有足够的时间完成其管理和登记工作。[①]

（6）若裁判员之间出现判定不一致的情况，第一裁判员可以更改自己或其他裁判员的判定：

①如果确定第一裁判员的判定是正确的，就坚持判定。

②如果意识到自己的判定错了，就改变判定。

③如果认为是双方犯规，应作重新比赛的判定。

④如果认为第二裁判员的判定是错误的，可以改判。

（7）如果第一裁判员发现某一裁判员不能胜任其工作，可将其撤换。

（8）只有第一裁判员有权对不良行为进行判罚，而第二裁判员、记录员和司线员没有这种权利。如果其他裁判员发现任何不良行为，应该向第一裁判员示意并据实报告，由第一裁判员决定是否处罚。[②]

（9）第一裁判员在比赛结束后应检查记录表并签字。

（二）第二裁判员

1. 位置

第二裁判员站在第一裁判员对面，比赛场区外的网柱附近，面向第一裁判员执行其职责。

2. 权利

（1）第二裁判员是第一裁判员的助手，但也有自己的权限。当第一裁判员不能

---

① 黎禾. 大众气排球［M］. 北京：北京体育大学出版社，2016：137-138.
② 黎禾. 大众气排球［M］. 北京：北京体育大学出版社，2016：137-138.

继续工作，代替第一裁判员执行工作。①

（2）可以用手势指出权限以外的犯规，但不得鸣哨，也不得对第一裁判员坚持自己的判断。

（3）掌管记录台的工作。

（4）监督球队席上的球队成员，并将他们的不良行为报告给第一裁判员。

（5）允许比赛暂停和换人的请求，掌握间断时间和拒绝不符合规定的请求。

（6）掌握各队暂停和换人的次数，并将第二次暂停和第四人次或第五人次的换人告诉第一裁判员和有关教练员。

（7）发现队员受伤，允许其进行特殊换人，或给予 5 分钟的恢复时间。

（8）检查比赛场地的条件，主要是前场区。比赛中还要检查球是否符合比赛的要求。

3. 比赛前的工作职责

（1）参加临场裁判员、司线员、辅助裁判员的工作会议。

（2）检查场地器材、比赛用球，丈量网高，整理标志杆、标志带、球网、比赛控制区的物品摆放和人员管理。

（3）核对记分表、队员姓名和号码。

（4）收取位置表，分别交给记录员。

（5）介绍裁判结束后，掌握比赛用球（决胜局时要掌管球）。

（6）开局前核对上场队员位置确认无误。

（7）与记录员联系是否准备就绪，将比赛球交给发球队队员；双手上举示意第一裁判员准备完毕（每次比赛的中断都应按此程序进行）。

（8）决胜局交换场地后或必要时，检查场上队员的实际位置是否与位置表相符。

4. 比赛中工作职责

（1）协助第一裁判员对其近端的"触手出界"和明显的"连击""持球""四次击球"犯规的判断，但只做手势不得鸣哨。

（2）掌管记录员工作。

（3）暂停和换人的次数，并将第 2 次暂停和第 4（5）次换人通知教练员和第一裁判员和有关教练员。②

（4）发现队员受伤，可允许特殊替换或 5 分钟的恢复时间。③

① 黄恩洪，徐连军，唐晓怡. 高校排球运动理论与实践［M］. 北京：中国商务出版社，2007.

② 黎禾. 大众气排球［M］. 北京：北京体育大学出版社，2016：138 – 139.

③ 谭洁. 气排球运动教程［M］. 长沙：湖南师范大学出版社，2017：167.

（5）检查比赛场地地面条件（主要是前场区）、比赛中球是否符合比赛要求。

（6）对下列犯规鸣哨并作出手势。

①网下穿越进入对方场区和空间。

②接发球队位置错误。

③队员触及球网和第二裁判员一侧的标志杆。

④后排队员完成拦网。

⑤球触及场外物体。

⑥球的整体或部分从过网区以外过网，飞入对方场区，或触及他一侧的标志杆。

⑦第一裁判员难以观察时，球触及地面。

5. 比赛后的工作职责

（1）督促双方队长签字。

（2）在记分表上签字。

6. 应注意的问题

（1）第二裁判员必须具备与第一裁判员相同的技能，第一裁判员、第一裁判员要进行交流、沟通，做到彼此心中有数，第二裁判员要知道第一裁判员什么时候最需要自己的帮助。

（2）第二裁判员应认真履行规则赋予的责任和权利，发现其职责内的犯规必须鸣哨判罚。

（3）第二裁判员做所有的手势时必须站在下一个接发球一方。

（4）对于靠近第二裁判员一侧的触手出界，第二裁判员应主动配合，手势不宜过大，以一裁能看见而其他人看不见为好。

（5）不主张第二裁判员经常在下面给一裁做持球、连击、四次球的手势，这样会干扰一裁的判断，也会被运动队发现从而造成不必要的麻烦。除非是背对一裁的犯规，可以用小手势提示，不得坚持。

（6）比赛中第二裁判员哨子的运用，要及时、响亮。①

（7）在网附近的来回球中，第二裁判员专注于拦网一方的触网犯规、过中线犯规、以及其他违规行为。

（8）第二裁判员应随时注意比赛前和比赛中队员的位置与位置表相一致。必要时记录员将提示哪一名队员该轮转到1号位进行发球。比赛开始时，第二裁判员要以位置表为依据，与记录员一起对队员的站位进行仔细核实，确认之后向第一裁判员示意。

---

① 黎禾. 大众气排球［M］. 北京：北京体育大学出版社，2016：139.

（9）第二裁判员必须注意，无障碍区必须无障碍，能引起队员伤害的物品都要清理干净。

（10）暂停时，第二裁判员需要做的工作：

①确定队员回到球队席附近；

②必要时检查记录员工作；

③接受或向第一裁判员提供某种信息；

④第二裁判员在比赛结束后应检查记录表并签字。

（三）记录员

1. 位置

记录员在第一裁判员对面的记录台，面对第一裁判员执行其职责。

2. 比赛前和每局前

（1）按照规定程序登记有关比赛和比赛队的情况，包括队员的姓名、号码，并获得双方队长和教练员的签字。[①]

（2）根据位置表登记各队的开始阵容。[②]

3. 比赛中

（1）记录得分。

（2）掌握各队的发球次序，在球队提出询问发球次序时，及时、准确地告知发球队或发球队员，发现发球次序错误应在发球后立即通知裁判员。

（3）以手势认可换人的请求，掌握并登记暂停和换人次数，并通知第二裁判员。

（4）对违背规则的间断请求要通知裁判员。

（5）每局结束及决胜局 8 分时，向裁判员宣布。[③]

（6）记录各种判罚和不符合规定的请求。

（7）在第二裁判员指导下登记其他事件，如特殊换人、恢复时间，被拖延的间断，外因造成的间断等。

（8）掌握局间休息时间。

4. 比赛结束后

（1）登记最终结果。

（2）如果有提出抗议的情况并得到第一裁判员同意，记录允许队长将有关抗议的内容写在记分表上。

---

① 黎禾. 大众气排球［M］. 北京：北京体育大学出版社，2016：141 – 142.

② 谭洁. 气排球运动教程［M］. 长沙：湖南师范大学出版社，2017：178.

③ 黄恩洪，徐连军，唐晓怡. 高校排球运动理论与实践［M］. 北京：中国商务出版社，2007：140.

（3）本人在记分表上签字后，取得双方队长和裁判员签字。

（四）司线员

1. 位置

两名司线员，其位置应该站在两名裁判员右手的场区角端，距场角 0.5～1 米处。各自负责他一侧的端线和边线。

2. 职责

（1）用旗（40 厘米×40 厘米）按旗示（图）执行其职责。

（2）当球落在他负责的线的附近时，示意"界内"或"界外"。

（3）（球）触及接球人身体后出界的球，示意"触手出界"。

（4）示意球触及标志杆、发球后球从过网区外过网等。①

（5）示意发球击球时场上队员脚踏出场区之外（发球队员除外）。②

（6）示意发球队员脚的犯规。

（7）示意队员击球时或干扰比赛的情况下，触及一侧的标志杆。③

（8）示意球从标志杆外过网并进入对方场区或触及一侧的标志杆。

（9）在第一裁判员询问时，必须重复其旗示。

3. 工作要求

（1）对其负责线附近的每次落地球都出示旗示，同时要观察发球队员的越线犯规。

（2）如果球触标志杆，或在其上、其外进入对方场区，最靠近球飞行路线的司线员必须摇旗示意。

（3）旗示必须清晰果断，不能使第一裁判员产生疑惑。

（4）在暂停时，司线员应离开其场内的位置，站到各自的比赛场区外的地方。

二、气排球裁判员的临场分工与配合

裁判员在临场执行裁判工作中为防止误判，必须加强预判、合理取位、抓住关键、明确分工、密切配合。在每次死球时，要相互环视一下，以加强判断的准确性。尤其是当裁判员判断不一致时，第一裁判员应慎重、迅速、果断作出最后判定，必要时可与其他裁判员交换意见后，作出最终判定，其他裁判员必须服从该判定。④

① 谭洁. 气排球运动教程［M］. 长沙：湖南师范大学出版社，2017：179.
② 黎禾. 大众气排球［M］. 北京：北京体育大学出版社，2016：142.
③ 谭洁. 气排球运动教程［M］. 长沙：湖南师范大学出版社，2017：179.
④ 黎禾. 大众气排球［M］. 北京：北京体育大学出版社，2016：143.

（一） 扣球与拦网时的配合

（1） 第一裁判员：应重点负责扣球一方，其球网上沿和近端犯规情况。其目光应先看进攻方是否踩线，再集中在拦网队员的手上，余光注意扣球队员的击球，再随球移动。

（2） 第二裁判员：应重点负责拦网一方，其球网上沿以下和近端犯规情况。其目光应先由下至上，再由上至下，并在球网和中线稍有停留，再把目光迅速移向击球方向。

（二） 发球时的配合

（1） 第一裁判员：主要负责发球队是否犯规、发球一方的位置错误和发球掩护等。

（2） 第二裁判员：注意负责接发球一方的位置错误。

（三） 球飞向第二裁判员一侧无障碍区时的配合

第二裁判员应快速移动到球飞向的对面，协助司线员判断球的整体或部分是否从延长空间进入对方无障碍区。

（四） 请求暂停或换人时的配合

（1） 第一裁判员在换人和暂停时，应给予记录员足够的登记时间，待登记完毕示意后，再鸣哨继续比赛。

（2） 当第一裁判员鸣哨发球时或鸣哨发球后，第二裁判员不得允许某队请求暂停或换人，如第二裁判员错误的鸣哨，第一裁判员应拒绝，并立即恢复比赛。

（3） 换人的程序：确认后鸣哨（第二裁判员）、做手势——向第一裁判员示意——观察（队员的准备情况）——联络记录员（是否合法，合法举单手）——允许替换（合法）——替换完毕（记录员登记完后向第二裁判员举双手示意，第二裁判员再向第一裁判员示意）。

（4） 暂停的程序：确认后鸣哨（第二裁判员）、做手势——向第一裁判员示意——看表——联络记录员（将暂停次数报告第一裁判员）——30 秒鸣哨（示意队员入场）——必要时将暂停次数通知教练员——示意暂停完毕（示意的方法同上）。

（五） 不符合规定的请求时的配合

（1） 在第一次没有影响和延误比赛时，第一、二裁判员应予拒绝。

（2） 在同一场中再次发生时，应由第一裁判员予以"延误判罚"（黄牌），记录员登记在记分表上。

（六） 延误比赛时配合

（1） "延误判罚"是针对全队的，并全场比赛有效。

（2） 第一次出现延误比赛时第一裁判员予以"延误警告"，记录员登记在记分表上。

（3）在同一场中再次发生应由第一裁判员予以"延误判罚"（黄牌），失一分并由对方发球，记录员登记在记分表上。

（4）局前和局间的"延误判罚"记在下一局中。

三、气排球裁判工作程序

（一）比赛前

1. 所有裁判成员至少应提前半小时到达比赛场馆，进行各项赛前准备。[1]

（1）赛前准备会：由第一裁判员负责召集，相互介绍并提出具体要求。[2]

（2）赛前检查：第一和第二裁判员在赛前20分钟应进入场地对比赛的器材和设备进行检查，司线员进行协助。

2. 正式比赛的仪式（赛前10分钟）

（1）赛前10分钟

裁判员：检查球网的高度、松紧度、标志杆和标志带的位置。[3]

（2）赛前9分钟

第一裁判员召集双方队长在记录台前选边。

（3）赛前8分钟

正式准备活动：第一裁判员鸣哨，并做出开始正式准备活动的手势，正式准备活动为两队合练习5分钟。裁判员检查比赛球、记分表、队员服装和所有其他比赛必用的器材（包括备用），裁判员还应向司线员提出工作要求。

（4）赛前6分钟：交取位置表

裁判员：第二裁判员应把有教练员签字的位置表交给记录员并在记录表上进行登记。

比赛队：两队的教练员应把第一局的位置表交给第二裁判员。

（5）赛前3分钟：终止准备活动

裁判员：第一裁判员鸣哨终止准备活动。

比赛队：第一裁判员鸣哨后，比赛队应立即停止准备活动回到队员席。所有比赛队员应着正式比赛服装在队员席处就座。

（6）赛前2分钟：宣布比赛开始

比赛队：在裁判员（位于球网两侧）的带领下，每队全体队员入场，列横队站

[1] 黎禾. 大众气排球［M］. 北京：北京体育大学出版社，2016：144 – 145.
[2] 李莹. 气排球［M］. 北京：中国人民大学出版社，2018.
[3] 谭洁. 气排球运动教程［M］. 长沙：湖南师范大学出版社，2017：180.

在场地的中央，面向记录台。

广播员：宣布比赛名称，介绍裁判员。

裁判员：介绍完毕后，第一裁判员鸣哨，双方队的成员在球网两侧握手致意。裁判员就位。两队站好场上位置。

第二裁判员按位置表核对双方上场 5 名队员的位置。当核对完毕并看到记录员也核对位置完毕后，把比赛球给发球队员。①

（7）0 分钟比赛开始

裁判员：第一裁判员看到一切准备就绪后鸣哨发球。

（二）比赛中

1. 局间休息

（1）当记录的时间到达 1′30″，记录员按响蜂鸣器（基层比赛机动）。

（2）比赛队：当记录的时间到达 1′30″时，在第二裁判员的示意下，按位置表的顺序站好场上位置。

（3）裁判员：第二裁判员核对场上位置。

（4）由第二裁判员把球交给发球队员。2′00″时，第一裁判员鸣哨开始比赛。

2. 第 2~3 局间的休息

（1）运动队：第二局比赛结束时，两队 5 名比赛队员站在本场区端线处，第一裁判员鸣哨后，队员直接回到球队席处。

（2）队长：决胜局休息时，到记录台前选边。

（3）裁判员：在记录台前进行挑边。

（4）当记录的时间到达 2′30″时，记录员按响蜂鸣器（鸣哨示意）。

（5）比赛队：当记录的时间到达 2′30″，在第二裁判员的示意下，按位置表的顺序站好场上位置。

（6）裁判员：第二裁判员核对场上位置，然后把球交给发球队员。3′00″时，第一裁判员鸣哨开始比赛。

（三）比赛结束

（1）运动队：在比赛结束时，每队 5 名比赛队员回到各自的端线处，第一裁判员示意后，队员到网前相互致意，并离开比赛场区，回到本队的球队席处。

（2）裁判员：两名裁判员站在第一裁判员一边的边线处，待队员相互致意后，退场到记录台处进行结束工作。

（3）比赛后的裁判工作小结。

---

① 黎禾. 大众气排球［M］. 北京：北京体育大学出版社，2016：145.

（四）工作程序的执行

（1）比赛过程中只有第一裁判员和第二裁判员可以鸣哨。

（2）裁判员鸣哨中止比赛后，应立即以法定手势表明。

（3）第一裁判员鸣哨中止比赛，应指出：

①得分的队；

②犯规的性质；

③犯规的队员（必要时）；

（4）第二裁判员鸣哨中止比赛，应指出：

①犯规的性质；

②犯规的队员（必要时）；

③跟随第一裁判员指出得分的队。

此时，第一裁判员不用出示犯规性质和指出犯规队员，只指出得分的队。

（5）如果是双方犯规，要按顺序指出：

①犯规的性质；

②犯规的队员（必要时）；

③应发球的队。

四、气排球竞赛主要规则的执行和判断方法

（一）比赛队

1. 队的组成

（1）每支队伍由 10 名成员组成，包括 1 名领队、1 名教练以及 8 名运动员。其中，领队和教练也可以兼运动员。

（2）只有那些在记分表上登记的球队成员才有资格进入比赛场地。教练和队长在记分表上签名确认后，该名单将被锁定，不得更改。

2. 队的位置

在比赛进行时，队员需坐在其场地一侧的球队席上；替补队员可在本方场区的无障碍区内进行无球准备活动。

3. 装备

（1）服装

队员必须穿统一的服装，上衣前后需有号码，号码范围为 1~10 号。前面号码至少 15 厘米高，后面号码至少 20 厘米高，笔画宽度至少 2 厘米。队长的上衣需有一条与上衣颜色不同的长 8 厘米、宽 2 厘米的标志。

（2）运动鞋

必须穿着没有后跟的柔软胶底鞋。

（3）饰物

不得佩戴任何可能造成伤害的饰物。①

（二）教练员

（1）赛前准备：教练员需核对记分表上的队员名单和号码，并签字确认。每局比赛前需将该局上场队员位置表交给第二裁判员或记录台。

（2）比赛中指导：教练员可以在场外请求暂停或换人，并在球队席前、教练员限制线后的无障碍区域内指导，但不得干扰比赛。②

（3）位置安排：比赛中，教练员需坐在靠近记录台一侧的球队席上。

（三）队长和场上队长

（1）队长的标识与职责

①队长需佩戴明显的队长标志，以便在比赛过程中被轻松识别。

②在比赛开始前，队长负责在记分表上签字，并代表队伍进行抽签以决定比赛的一些初步条件，如选择场地或发球权。

（2）场上队长的指定与作用

①如果队长参与比赛，他自然成为场上队长；如果队长被替换下场，教练员或现任队长可以指定另一名队员担任场上队长。

②在教练员不在场的情况下，场上队长拥有请求换人和暂停的权利。

（3）场上队长的沟通与申诉权利

①场上队长是队伍与裁判之间的主要沟通桥梁，他可以在球成死球时向裁判提出问题或请求。

②队长有责任确保对比赛规则的正确理解，并在必要时请求裁判对规则进行解释。然而，一旦裁判给出了解释，队长应避免与裁判进行不必要的争辩，以免被判定为延误比赛。

③队长负责将队员的问题和请求传达给裁判员，确保队伍的声音被听到。

④如果对裁判的解释不满意，队长有权提出抗议，并在比赛结束时将正式抗议记录在记分表上。

⑤比赛结束后，队长应感谢裁判员的工作，并在记分表上签字确认比赛结果。

---

① 中国排球协会. 气排球竞赛规则：2022—2025［M］. 北京：北京体育大学出版社，2023：13-15.

② 中国排球协会. 气排球竞赛规则：2022—2025［M］. 北京：北京体育大学出版社，2023：15.

（四）比赛方法

1. 计分制度

比赛实行每球得分制，即每次得分都得一分。

2. 赢得一场

比赛采用三局两胜制，即首先赢得两局的队伍将赢得整场比赛。如果双方各赢一局，将进行第三局决胜。

3. 赢得一局

在第一和第二局中，首先达到 21 分并且领先对手至少 2 分的队伍将赢得该局。如果比分达到 20 平，比赛将继续，直到某队领先 2 分为止。在决胜局中，首先达到 15 分并至少领先对手 2 分的队伍将获胜。如果比分打到 14 平，比赛将继续，直到某队领先 2 分。在决胜局中，当任一方达到 8 分时，双方队员将交换场地，并继续比赛。①

4. 得分情况

（1）当球成功落在对方场区内时，得分。

（2）当对方队伍犯规时，得分。

（3）当对方队伍受到判罚时，得分。

5. 弃权与阵容不完整

（1）如果任何队伍在被召唤后拒绝比赛，将被判定为弃权，对方队伍将以每局 21:0 的比分和 2:0 的局数获胜。

（2）如果任何队伍无正当理由未能准时到达比赛场地，将被判定为弃权，处理方式与以上（1）相同。

（3）如果任何队伍在一局或一场比赛中因阵容不完整而被宣布失败，将输掉该局或该场比赛，对方队伍将获得必要的分数和局数以确保胜利。阵容不完整的队伍保留其已经获得的分数和局数。

（五）比赛的组织

1. 抽签

在比赛正式开打前以及在进行决胜局之前，第一裁判员会组织双方队长进行抽签。

（1）获签者选择其中一类：

A：发球或接发球；

B：场区。

---

① 中国排球协会. 气排球竞赛规则：2022—2025［M］. 北京：北京体育大学出版社，2023：21.

（2）另一方可挑选余下部分。

2. 准备活动

在比赛正式开始前，每个队伍都被允许在各自的半场进行 10 分钟的热身练习，以确保队员的身体状态和比赛准备。

3. 开始阵容

（1）每支队伍在场上应始终保持 5 名或 4 名队员，根据比赛的具体规定。

（2）队员的位置和轮转顺序应遵循事先提交的位置表，一旦提交给第二裁判员或记录员，除非正常换人，否则不得更改。

（3）如果在一局开始时场上队员的位置与提交的位置表不符，必须根据位置表进行调整，但不对此进行判罚。

4. 场上位置

发球时，除了发球的队员外，双方队员必须根据轮转次序在指定场区内站位。

（1）四人制比赛中的位置安排：靠近球网的 2 号位（右侧）和 3 号位（左侧）为前排队员，而 1 号位（右侧）和 4 号位（左侧）则为后排队员。1 号位队员与 2 号位队员处于同一列，3 号位队员与 4 号位队员处于同一列。（见图 4-4）

（2）五人制比赛中的位置安排：靠近球网的 2 号位（右侧）、3 号位（中间）、4 号位（左侧）被定义为前排队员，而 1 号位（右侧）和 5 号位（左侧）则为后排队员。1 号位队员与 2 号位队员处于同一列，4 号位队员与 5 号位队员处于同一列。①（见图 4-5）

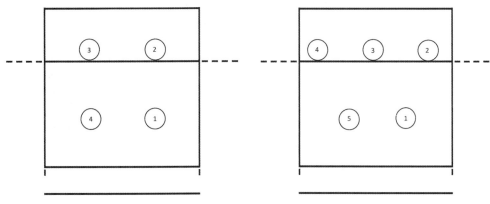

图 4-4　四人制场上队员位置图　　　　图 4-5　五人制场上队员位置图

（3）队员的站位是否正确，主要根据其脚的着地位置来判断：

①在同列中，前排队员的双脚应该比后排队员更靠近中线；在五人制中，3 号位

---

① 中国排球协会. 气排球竞赛规则：2022—2025［M］. 北京：北京体育大学出版社，2023：25.

前排队员与后排队员之间没有前后位置关系。

②同排队员站位规定：

A. 四人制：前排右（左）边的队员至少有一只脚部分，比同排左（右）边的队员双脚距离右（左）边线更近；后排右（左）边的队员至少有一只脚部分，比同排左（右）边的队员双脚距离右（左）边线更近。

B. 五人制：前排右（左）边的队员至少有一只脚部分，比同排中间队员的双脚距离右（左）边线更近；后排右（左）边的队员至少有一只脚部分，比同排左（右）边的队员双脚距离右（左）边线更近。

C. 老年组：前排右（左）边的队员至少有一只脚部分，比同排中间队员的双脚距离右（左）边线更近。

③在发球击球之后，队员可以根据比赛的需要，在本场区和无障碍区内自由调整位置，不受之前站位规则的限制。

5. 位置错误

（1）概念：位置错误犯规指的是在发球时，双方任意一名队员（除发队员外）不在规定位置上。此犯规由第一和第二裁判员共同负责：第一裁判员：判断发球队员的位置是否正确；第二裁判员：判断接发球队员的位置是否正确。

（2）明确"同排"与"同列"的概念及位置关系：

①在四人制排球中，同排为 1 号位和 4 号位、2 号位和 3 号位的队员；同列为 1 号位和 2 号位、3 号位和 4 号位的队员。

②在老年组排球中，同排为 1 号位和 5 号位、2 号位和 3 号位、4 号位的队员；同列为 1 号位和 2 号位、4 号位和 5 号位的队员。①

（3）发球与位置错误的判定

①当发球队员进入发球区并握住球时，裁判员可以鸣哨发球。然而，第一裁判员需要确认接发球队是否存在特殊情况。

②第二裁判员为了准确观察接发球队员的位置错误，可以移动至接发球队一侧，但不得超过进攻线的延长线。

③发球队员击球时，若队员不在正确位置上，则构成位置错误犯规。

④如果发球队员击球时同时发生了对方的位置错误和发球队员的犯规，判定为发球犯规。

⑤如果发球队员击球后的犯规与对方位置错误同时发生，则判定为位置错误犯规。

---

① 黎禾. 大众气排球［M］. 北京：北京体育大学出版社，2016：149 – 150.

（4）位置错误的判罚

①失分与发球权：该队被判失去 1 分，由对方发球。

②位置恢复：队员必须恢复到正确的位置。

（5）轮转规则

①轮转与位置：轮转次序、发球次序及队员位置的确定以位置表为依据。

②若某队得分并获得发球权后，所有队员必须按顺时针方向轮转一个位置，由 2 号位队员轮转至 1 号位发球。

③如果某队因对方被判罚而获得 1 分，该队在得分后也必须轮转一个位置。原本该分轮的发队员将不再发球，而是由下一轮的发队员接手发球任务。

（7）轮转错误处理

①发球顺序错误：如果队伍没有按照轮转次序进行发球，则构成轮转错误。处理方式如下：该队失去 1 分，由对方发球；同时必须纠正队员的错误轮转次序。

②记录员的职责：记录员需要准确确定轮转错误发生的时间，以决定如何处理得分。如果能够确定错误发生的具体时间，取消该队在犯规发生后所有得分，对方得分仍然有效。如果无法确定具体的错误时间，则仅判该队失 1 分，由对方发球。

（六）比赛行为

1. 比赛的状态

（1）比赛开始

当第一裁判员发出信号允许发球时，发球方队员击球的瞬间标志着比赛的开始。

（2）比赛中断

一旦裁判员鸣哨，比赛即告中断。特别要注意的是，如果中断是由于犯规行为引起的，那么比赛的中断点实际上是从犯规发生的那一刻开始计算的。[①]

（3）界内球

如果球触碰到比赛区域的地面，包括边界线，那么这个球被认为是界内球。

（4）界外球

下列情况为界外球：

①球接触地面的位置完全位于边界线之外；

②球触碰到场外的物体、天花板或者非场上队员；

③球触到了标志杆、球网之外的部分、网绳或网柱；

④球完全从网下空间穿过；

⑤球整体或部分从过网区以外的区域越过进入对方场地；

---

① 中国排球协会. 气排球竞赛规则：2022—2025［M］. 北京：北京体育大学出版社，2023：33.

⑥球的整体越过了中线的延长线。

（5）击球

比赛中，任何队员与球的接触都算作一次击球，且击球必须在球队的场区及无障碍区进行。

①球队的击球

每队有最多三次击球机会，无论是主动击打或球的偶然触碰，均计为一次击球机会。

A. 连续击球

同一队员不得连续两次触球。

B. 同时触球

两名或三名队员可以同时触球。同队的两名（或三名）队员同时触到球时，被记为两次（或三次）击球（拦网除外）。如果只有其中一名队员触球，则只记一次。若两名不同队的队员在网上同时触球，比赛继续进行，获球一方可再次击球三次。如果该球落在某方场区之外，判对方击球出界。

C. 借助击球

队员在比赛场区内借助同伴或任何物体的支持进行击球为借助击球。队员不得进行借助击球。

②击球的性质

A. 球可以接触身体的任何部分。

B. 球必须被击出，不可接住或抛出。

C. 在三次击球机会中，允许球连续触及队员身体的不同部位。

③击球时的犯规

A. "四次击球"：一个队连续触球四次。无论队员是主动还是被动触球，都算一次击球。如果两名（或三名）队员同时触球，则计作两次（或三次）击球（拦网除外）。若两人同时去击球但只有一人触球，则只计一次击球。

B. "借助击球"：队员在比赛场地内利用同伴或物体支持进行击球。判断时应注意区分：一名队员可以拉住或挡住另一名队员以避免犯规（如触网或过中线等）；击球后拉住或触碰网柱、挡板等不算犯规。

C. "持球"：球未被击出，而是被接住或抛出。

在判断时必须注意以下几点。

a. 击球与持球的区别在于，击球是单一动作，而持球犯规指球停滞后再被抛出。

b. 进攻性击球时，吊球允许，但击球动作必须清晰。

c. 若在拦网时触球停留时间较长，有握或抛的动作，裁判员应判为持球。

D. "连击"：一名队员连续击球两次或球触及身体的不同部位。

a. 在第 1 次击球时，允许身体不同部位连续触球。

b. 排除拦网动作中，球迅速触及一名或多名队员的情况。拦网后，即便拦网队员触球后也可再次击球。①

c. 连击犯规应主要以视觉判断为准，关注击球瞬间是否犯规，无需考虑击球前后的动作。②

所有击球时的犯规由第一裁判员负责判定。如果第一裁判员明显漏判，第二裁判员可以用手势示意，但不得鸣哨或坚持自己的判断。

（6）球网附近的球

①球通过球网

球必须完全穿过球网上的过网区域，才能进入对方场区。这个过网区从球网的上方延伸到天花板，从下方延伸到球网的上沿，且两侧由标志杆及其延长线限定。

②球触球网

球在穿越球网时可以触碰到球网。

③球入球网

若球进入球网，该队在三次击球机会内仍可继续击球。

（7）球网附近的队员

①进入对方空间

允许队员在不妨碍对方的情况下穿越网下进入对方空间。

②穿越中线进入对方场区

A. 中、青年组过中线犯规及判断

比赛中，运动员整只脚越过中线并触及对方场区时，判为过中线犯规。

脚部分越过中线但未完全进入对方场区的情况不判为犯规。其他身体部位触及对方场区是允许的，但不能干扰对方击球。

与对方身体接触不一定妨碍击球，而非接触也可能干扰。

B. 老年组过中线犯规及判断

运动员除脚外，其他身体部位触及对方场区判为犯规。

比赛中断后，队员可进入对方场区，需判定是死球还是过中线。第二裁判员负责判定过中线犯规，发现后应立即鸣哨并示意，第一裁判员亦可判定，对方得 1 分

① 黎禾. 大众气排球［M］. 北京：北京体育大学出版社，2016：152.
② 黄恩洪，徐连军，唐晓怡. 高校排球运动理论与实践［M］. 北京：中国商务出版社，2007.

并获得发球权。①

③触网

任何组别比赛中，队员的击球行为触及标志杆以内的球网或触及标志杆即为触网犯规，击球行为包括（但不限于）起跳、击球（或试图击球）、落地至准备下一个动作。但出现以下两种情况不算犯规：

A. 在不干扰比赛的情况下，队员击球后可以触及标志杆以外的球网、网绳、网柱等其他物体；

B. 由于球被击入球网而造成球网触及对方队员。

裁判员分工：

第一裁判员负责观察扣球和拦网时的触网情况，重点关注球网上沿的犯规；第二裁判员则关注拦网和球网上沿以下的触网情况。

判断方法：

第一裁判员在扣球时跟随队员起跳，观察是否在球网上沿触网；第二裁判员则从拦网队员下往上观察，并在网口有短暂停留，注意是否触网。第二裁判员也负责干扰比赛的情况，即使这些情况不在规则中明确指出，但仍需配合第一裁判员进行判罚。

球网下部的触网如果是干扰了比赛，第二裁判员也要给予鸣哨和判罚。在规则文字中，虽然球网上沿的触网还没有包括在第二裁判员的职责中，但在裁判法的执行中，作为对第一裁判员的配合，网上沿的触网第二裁判员也要鸣哨。以协助第一裁判员做出判处。

触网犯规由两名裁判员共同判定，犯规队对手得到 1 分并得到发球权。

④队员在球网附近的犯规

A. 对方进攻性击球前或击球时，在对方空间触球或触及对方队员。

B. 从网下进入对方区域妨碍对方比赛。

C. 脚越过中线进入对方场区。

D. 除脚的部分能触及对方场区外，身体任何部分越过中线触及对方场区都属犯规。

（8）发球

后排右侧（1 号位）队员在发球区内将球击出而进入比赛的行动，称为发球。

①首先发球

第一局和决胜局由抽签决定发球权；第二局由上局未发球的队发球。

---

① 黎禾. 大众气排球［M］. 北京：北京体育大学出版社，2016：155.

②发球次序

队员发球的次序按位置表上的顺序进行。一局中首先发球之后，队员按下列规定进行发球：当胜一球时，必须轮转发球，由前排右（2 号位）队员轮换至 1 号位发球。

③发球的允许

第一裁判员在发球队员已持球在手，并且双方队员已做好比赛准备时，鸣哨允许发球。

④发球的执行

A. 发球时，球一旦被抛起或持球手撤离，必须在球触地前，使用一只手或手臂将球击出。

B. 发球过程中，球在手中的移动或轻拍是被允许的。

C. 发球队员在击球时，不得踩踏端线或发球区外的地面。

D. 如果采用跳发球，起跳时脚不得触碰或越过跳发球限制线。在空中击球后，落地时脚的位置不受限制。

E. 发球队员必须在第一裁判员鸣哨后的 8 秒内完成发球。

F. 如果发球队员将球抛起但未触及球使其落地，可以允许重新发球，且这次发球的时间计入原先的 8 秒内。

G. 如果发球队员在裁判员鸣哨允许发球的同时或之前就已发球，此次发球无效，需重新发球。

⑤发球掩护

发球队员不得通过个人或集体的动作，如挥臂、跳跃、左右移动，或通过密集站位来阻挡对方视线，妨碍对方观察发球动作和球的飞行轨迹。

⑥发球时的犯规

A. 发球犯规

即使对方存在位置错误，以下情况将被判定为发球犯规，并且需要换发球。

发球队：

a. 发球顺序不正确；

b. 未遵守发球执行的相关规则。

B. 发球击球后的犯规

如果球发出后，出现以下任一情况，同样视为发球犯规：

a. 球触碰到发球方队员，或者球没有通过球网垂直面的过网区；

b. 球落在界外；

c. 球飞越过发球方设置的掩护个人或集体。

⑦发球犯规与位置错误

A. 如果发球犯规和对方位置错误同时发生，将优先判定为发球犯规。

B. 如果发球后发生的犯规与对方位置错误同时发生，则判定为位置错误犯规。

（9）进攻性击球

①进攻性击球的定义

A. 除了发球和拦网之外，所有直接朝对方场地击打的行为均视为进攻性击球。

B. 进攻性击球时，允许进行吊球，但击球动作必须明确且球不能被接住或抛出。

C. 当球完全通过球网垂直面，或在接触球网后进入对方空间，或触及对方队员时，视为完成了进攻性击球。

②过网击球

如果在一方进行进攻性击球的前后或击球过程中，另一方队员在其场地空间内触及球，则构成过网击球犯规。

③前场区进攻性击球犯规

在前场区进行进攻性击球时，如果球的飞行轨迹没有明显的向上弧度，或者平行飞向过网，这将被判定为前场区进攻性击球犯规。

当一方队员完成进攻性击球后，另一方队员若将拦网动作转变为击球动作，并且球过网时没有明显的向上弧度，也将被判定为犯规。

例如，甲方队员在后场区接发球，若甲方前排队员跳起并将球由上而下拦在乙方场区，这同样构成进攻性击球犯规。

前场区进攻性击球犯规主要由第一裁判员判定，第一裁判员发现犯规应立即鸣哨，并做出手势。判犯规队对手得1分并获得发球权。①

④击发球犯规

无论是在前场区还是后场区，接发球队员均不能对高于球网上沿的对方发球完成进攻性击球。也不允许拦发球。②

此项犯规由第一裁判员判定。判犯规队失1分并由对方继续发球。

（10）拦网

①拦网的定义

拦网是指队员在球网附近，尝试在球网上方拦截对方击球的行为，不论触球点

① 黎禾. 大众气排球［M］. 北京：北京体育大学出版社，2016：153.

② 中国排球协会. 气排球竞赛规则：2022—2025［M］. 北京：北京体育大学出版社，2023：47.

是否高于球网。仅前排队员有权进行拦网。

A. 拦网试图

未触及球的拦网动作。

B. 完成拦网

至少触碰到球的拦网动作。

C. 进入对方空间拦网

拦网队员可以伸手过网进行拦网，但不能干扰对方击球。只有在对方完成进攻性击球后，拦网触球才不算犯规。

D. 当球飞向过网而尚未过网，有同队队员准备击该球时，不能过网完成拦网。

E. 集体拦网

两名或三名队员协同进行拦网，如果其中至少一名队员触球，则视为成功拦网。

②拦网触球

在一个动作中，球可以迅速而连续触及一名或更多的拦网队员。

③拦网与球队的击球

A. 拦网不算作球队三次击球机会中的一次。

B. 拦网后，任何队员都可以进行第一次击球，包括参与拦网的队员。

④拦网的犯规

A. 过网拦网犯规及判断

在对方进攻性击球前或击球时，拦网队员在对方空间触球的行为，由第一裁判员负责判定为过网拦网犯规，判犯规队对手得 1 分并获得发球权。

B. 后排队员拦网犯规及判断

后排队员不得参与拦网。如果后排队员伸手过网并触球，将被判定为犯规。

判断时应注意以下几点。

a. 当后排队员参加集体拦网时，即使本人未触球，但集体拦网成员中的任何一名队员触及了球，即被认为参加集体拦网的队员都触及了球，因此也应判为后排队员拦网犯规。[①]

b. 后排队员在球网附近、低于球网上沿处触及了对方来球，不能判为后排队员拦网犯规。但这次触球是三次击球中的第一次，则该队还可以击球两次。必须注意，既然后排队员的该次触球不被认为是拦网，因此不允许该队员连续击球。

c. 最容易造成后排队员拦网犯规的是后排插上队员，因此，对后排插上队员应

---

① 黎禾. 大众气排球 [M]. 北京：北京体育大学出版社，2016：155 - 156.

特别注意。①

后排队员拦网犯规由第一、第二裁判员共同负责判断。第二裁判员发现犯规后应立即鸣哨并做出手势。判犯规队对手得 1 分并获得发球权。

C. 拦发球犯规及判断

队员不得拦击对方发过来的球，任何试图拦击发球的行为，不论拦起还是拦死，只要触球即为犯规。拦发球犯规由第一裁判员负责判定。判犯规队失 1 分并由对方继续发球。

D. 从标志杆外侧伸入对方空间拦网并触球也是犯规行为。

此项犯规由第一裁判员负责判定。判犯规队对手得 1 分并获得发球权。

（七）比赛间断与延误比赛

1. 正常的比赛间断

正常的比赛间断包括暂停和换人。

（1）正常间断的次数

每局比赛中，每队最多可请求两次暂停和 4 人次（四人制）或 5 人次（五人制）的换人，换人队员的位置不受限制。

（2）请求间断

①换人请求应在比赛死球时，裁判员鸣哨发球前通过教练员或场上队长的正式手势提出。

②一局开始前允许请求换人，并计入换人次数。

（3）比赛间断的连续

①一次或两次暂停可以与双方各一次的换人连续进行，无需经过比赛过程。

②同一队未经过比赛过程不得连续提出换人请求，但在同一次换人请求中可以替换 1 人或多人。

③比赛间断犯规的判断方法

对上述各项不符合规定的请求间断应予以拒绝，只要没有影响和延误比赛则不必进行判罚，但在同一局中不能再次提出不符合规定的请求。

（4）暂停

①每次暂停时间为 30 秒。

②暂停期间比赛队员必须离开比赛场区到球队席附近的无障碍区。

（5）换人

规则规定，每局比赛中每队最多允许请求 4 人次换人（五人制为 5 人次换人），

---

① 谭洁. 气排球运动教程［M］. 长沙：湖南师范大学出版社，2017：166.

一名队员上场，一名队员下场为一人次换人。当某队请求第5人次换人（五人制6人次换人）时，裁判员应予以拒绝。①

①换人必须在换人区内进行。

②换人由教练员或场上队长请求，换人时，场外队员应做好上场准备。

③如果要替换多名队员，需用手势表明请求替换人次。

④同一队未经比赛过程再次请求换人。

在同一次请求替换时，如果是同时换多人次，那么所有准备上场的替补队员都要进入换人区。替换时队员应一下一上，一对对地相继进行。未经比赛过程不得连续请求换人。

⑤无权"请求"的成员提出请求。

规则规定只有教练员或场上队长可用相应的手势请求间断，其他成员无权提出请求。②

⑥没有在规定的时间内提出请求。

在比赛中，只有当球成死球、裁判员鸣哨发球之前这段时间可以请求间断，其他时间一律不得请求间断。

（6）特殊换人

受伤或生病的队员必须进行合法换人。如果无法进行合法换人，可采用特殊换人，此时场外任何队员都可替换受伤队员，但受伤队员不可再次上场比赛。特殊换人不计入换人次数。

（7）不符合规定的请求

①下列情况为不符合规定的请求：

A. 在比赛进行中或裁判员鸣哨发球的同时或之后提出请求；

B. 无请求权的成员提出请求；

C. 同一队未经过比赛过程再次请求换人；③

D. 超过所规定正常间断次数的请求。

②在比赛中第一次没有影响和延误比赛的不符合规定的请求应予拒绝而不进行判罚。

③同一场比赛中再次提出不符合规定的请求应判延误比赛。

2. 延误比赛

（1）延误比赛的类型

延误比赛是指任何队伍通过不正当行为故意延迟比赛继续进行的情况，具体包

---

① 黎禾. 大众气排球［M］. 北京：北京体育大学出版社，2016：158.

② 黄恩洪，徐连军，唐晓怡. 高校排球运动理论与实践［M］. 北京：中国商务出版社，2007.

③ 谭洁. 气排球运动教程［M］. 长沙：湖南师范大学出版社，2017：158.

括以下几种行为：

①换人延误时间。

在请求换人前，准备上场的队员应穿戴整齐并坐在教练员附近的球队席上等待。当裁判员在死球状态下鸣哨允许换人时，队员应立即进入换人区。如果队员没有及时做好准备，将对其队伍进行"延误警告"，并且不允许进行换人。

②在裁判员鸣哨恢复比赛后，拖延暂停时间。

每局比赛中的普通暂停时间为30秒。一旦暂停时间结束，裁判员将鸣哨示意恢复比赛。如果某队在裁判员指示后仍不迅速回到比赛状态，将对其发出"延误警告"。

③任何不符合规定的换人请求都被视为延误比赛。

④如果一队反复提出不符合规定的请求，将被视为故意延误比赛。

⑤任何球队成员故意延迟比赛继续进行的行为，如无故延迟上场或不配合裁判指示等，均属于延误比赛。

（2）对延误比赛的判罚

①"延误警告"和"延误判罚"是针对全队的处罚，适用于比赛中任何故意延误比赛的行为；判罚在整个比赛期间有效，并且所有的判罚情况都会被详细记录在记分表上。

②在单场比赛中，对于队伍成员的首次延误比赛行为，将给予"延误警告"。

③对于同一队伍中任何成员的第二次及其后的任何类型的延误比赛行为，将给予"延误判罚"。这将导致对方队伍获得1分，并取得发球权。

④如果延误比赛的判罚发生在局前或局间，该判罚将被记录并应用于下一局比赛中。

⑤当队伍请求超出规定次数的暂停或换人时，裁判员将给予延误比赛判罚。

⑥只有第一裁判员有权对延误比赛进行判罚。在判罚延误比赛后，第一裁判员需等待记录员完成登记，之后才能重新开始比赛。

3. 例外的比赛中断

（1）受伤

①如果比赛中发生严重的伤害事故，裁判员应立即中止比赛，并允许医疗人员进场处理。受伤的球将被视为无效，需要重新发球。

②队员受伤时，应首先尝试进行合法的替换。如果无法进行合法替换，可以采用特殊替换，即场下任何队员都可以替换受伤队员，受伤队员不得再次上场。

③如果场下无替补队员，给予受伤队员5分钟的恢复时间。若5分钟后仍无法继续比赛，则宣布该队阵容不完整，对方获胜，但保留受伤队伍已获得的分数。如

20∶12 时，20 分的队被宣布为阵容不完整，该局的比分就为 20∶21，对方获胜。同一队员在一场比赛中只能享有一次恢复时间。[①]

（2）外因造成的比赛间断

任何外界因素干扰比赛时，应立即停止比赛，并在干扰消除后重新进行比赛。

（3）被拖延的间断

①如果比赛中断是由不可预见的情况造成，第一裁判员、比赛组织者和主管委员会成员需共同决定如何恢复比赛。

②一次或数次间断时间累计不超过 2 小时：

A. 如果比赛在原场地继续，应保持原有的比分、队员和位置，已结束的局比分保持不变。

B. 如果比赛转移到其他场地，中断的局应重新开始，但保留开始时的阵容和位置，已结束的局比分保持不变。

③如果中断时间累计超过 2 小时，全场比赛将重新开始。

4. 局间休息与交换场区

（1）局间休息

每局比赛结束后，队伍将有指定的时间进行休息和策略调整。第一局结束后，休息时间为 2 分钟；而在决胜局开始前，休息时间延长至 3 分钟。[②]

（2）交换场区

①在第一局比赛结束后，双方队伍需交换比赛场区，以便在接下来的局中轮换发球和接发球的位置。

②在决胜局中，当任一队伍达到 8 分时，两队需再次交换场区，但此时不设置额外休息时间，队员应继续在原位置上比赛。

如果由于某些原因未能及时进行场区交换，一旦发现错误应立即进行交换，并且保留在交换场区时两队的已得比分。

（八）参赛者行为

1. 不良行为及其处罚

（1）轻微的不良行为

轻微的不良行为可能不会立即受到处罚，但第一裁判员有责任预防行为升级。处理方式包括：

---

① 黎禾. 大众气排球 ［M］. 北京：北京体育大学出版社，2016：159－160.

② 谭洁. 气排球运动教程 ［M］. 长沙：湖南师范大学出版社，2017：169.

①通过队长传达口头警告；

②向相关队员出示黄牌，作为接近受罚行为的警告，虽然不实施具体处罚，但要登记在记录表上。

（2）给予处罚的不良行为

根据行为的严重性，不良行为分为三个等级：

①粗鲁行为：违反体育道德或文明礼仪。

②冒犯行为：包括侮辱性言语或行为，或表现出轻视。

③侵犯行为：涉及身体攻击、侵犯或威胁他人。

（3）判罚的实施

①轻微的不良行为：裁判员口头警告或出示黄牌，不进行处罚。

②粗鲁行为：裁判员出示红牌，对方队伍获得1分并得到发球权。

③冒犯行为：裁判员同时出示红牌和黄牌（同持一手），队员将被取消该局比赛资格，并需坐在球队席上。若为教练员，将失去该局指挥权。①

④侵犯行为：裁判员分别出示红牌和黄牌（双手分持），队员将被取消该场比赛资格，并需离开比赛区域。

（4）判罚出场

①任何被判罚出场的成员不得继续参与该局比赛，必须立即被合法替换；教练员被判罚出场后，失去该局的指挥权利。

②某成员第一次出现冒犯行为，判罚出场，无其他判罚。

③同一成员在一场比赛中的第2次粗鲁行为，判罚出场，无其他判罚。

（5）取消比赛资格

①任何成员一旦被取消比赛资格，必须立即被合法替换，并离开比赛区域，不得再参与当前比赛。

②首次出现侵犯行为的运动员将直接被取消比赛资格，且不伴随其他判罚。

③同一场比赛中，若运动员第二次出现冒犯行为，或第三次展现粗鲁行为，也将被取消比赛资格，不附加其他处罚。

（6）判罚的实施

①针对运动员个人的不良行为判罚，如取消资格或更严重的处罚，将被记录在记分表上，并在整个比赛中有效。

②如果运动员在同一场比赛中重复不良行为，将根据判罚等级加重处罚，确保

---

① 中国排球协会. 气排球竞赛规则：2022—2025［M］. 北京：北京体育大学出版社，2023：69-71.

后续判罚严于前次。

③对于冒犯或侵犯行为导致的取消资格或出场判罚，不需要先前的警告或判罚作为前提。

④一旦场上队员被取消比赛资格，必须立即进行合法替换。如果无法进行合法替换，则将宣布该队为阵容不完整。

（7）局前与局间的不良行为

局前和局间的不良行为也将按照既定规则进行判罚，并在比赛的下一局中记录。

（九）哨音、手势与旗示

1. 鸣哨

（1）只有第一裁判员和第二裁判员有权在比赛中鸣哨。

（2）第一裁判员通过哨声指示发球开始，从而启动比赛。

（3）当第一裁判员和第二裁判员确认发生犯规并确定其性质时，他们将鸣哨来中止比赛。

（4）在比赛中断期间，裁判员可以通过哨声来表示对队伍请求的同意或拒绝。

（5）气排球裁判员可以根据需要选择单音哨或双音哨，两者在声音上有所区别。

（6）不同哨音的语言含义：

①在发球、发球失误或发球直接得分时，哨声应轻快且短促。

②在击球犯规、触网、过中线或位置错误等情况发生时，哨声应响亮而清晰，持续时间稍长。

③在比赛开始与结束、请求暂停、换人或宣布准备活动开始和结束等重要时刻，裁判员会鸣响长音哨。

（7）第一裁判员和第二裁判员之间应协调哨声的使用，避免不必要的重复。

2. 手势与旗示

（1）裁判员鸣哨中止比赛后，应立即以法定手势表明。第一裁判员在鸣哨后应立即通过法定手势明确指出：发球方；犯规的类型；如有需要，指出犯规的队员。第二裁判员应重复第一裁判员的手势以确保清晰传达。

①若第二裁判员鸣哨，他应指示犯规的性质和涉及的队员，并跟随第一裁判员指明发球方。

②第一裁判员不用做犯规性质手势，只做应发球队手势。

③当出现双方犯规时，裁判员需明确指出犯规的性质、涉及的队员、随后的发球方及手势与旗示的使用要求。

（2）裁判员应严格使用规定的手势，避免使用非标准手势，以减少误解。在特殊情况下，可以使用辅助手势以更清晰地表达裁判意图。

（3）当第二裁判员鸣哨判罚犯规时（如触网），一定注意手的方向与犯规队一致，左方的队员触网出左手示意，右方的队员触网出右手示意。触网如此，其他的犯规也是如此，不可大意。另外出示手势前，位置要移动到犯规队一方。

（4）裁判员的哨声和手势必须及时且果断，其中有两点必须注意：

①裁判员应保持专注，不受观众和队员的影响。

②若裁判员意识到判断错误或经其他裁判提醒，应立即纠正，确保比赛的公正性。

（5）裁判员和司线员应该注意正确使用界外的手势和旗示：

①当进攻性击球或拦网直接将球击出界外时，裁判员应出示界外的手势或旗示。

②如果进攻性击球在出界前触碰了拦网队员或后排防守队员，并从该队一侧出界，裁判员应展示触手出界的手势和旗示。

③对于被多次击打后仍出界的球，裁判员的手势和旗示同样应标明为触手出界。

④如果一个进攻性击球打在网纲上并未触及拦网队员反弹回本方界外，应出示界外的手势。随之手要指向该进攻队员，使所有人都清楚是该名队员把球打到界外。相同的情形中，球触及网纲的同时触及了拦网队员的手，而后从扣球一方出界，手势也应是界外，但这时裁判员要用手指出拦网队员。

（6）司线员的旗示对于场上队员和观众理解比赛情况至关重要。第一裁判员需密切关注司线员的判断，并在发现错误时进行纠正。司线员需持续观察球的飞行路径，特别注意判断球是否触手出界。

（7）如果在第3次击球后球没有越过网的垂直面：

①如果是最后1次击球的同一队员再次触球，手势为连击。

②如果是另外一名队员触球，手势为4次击球。

（十）裁判员法定手势

（1）第一、第二裁判员的手势

裁判员需利用规定的手势来表明哨声的原因，这可能涉及犯规的性质或比赛间断的批准等。每次手势展示应持续一段适当的短时间，以确保所有参与者都能清楚看到。当裁判员使用单手进行手势时，应选择与犯规队伍或提出请求的队伍同侧的手来进行表示。（见表4-2）

司线员使用旗子来辅助裁判员的判决，并通过旗示来指示球是否出界等关键情况。（见表4-3）

表 4 – 2   裁判员手势

表明的性质	裁判员手势	表明的性质	裁判员手势
允许发球 挥动发球队一侧手臂		**得分、发球队** 平举发球队一侧手臂	
交换场地 两臂在体前、体后绕体旋		**暂停** 一臂屈肘抬起，另一手手掌放在该手指尖上，然后指明提出请求的队	
换人 两臂屈肘在胸前绕环		**一局或全场比赛结束** 两臂在胸前交叉	
发球时球未抛起 一臂慢慢举起，掌心向上		**发球掩护或拦网犯规** 两臂上举，掌心向前	
发球延误 举起八个手指并分开		**界内球** 手臂和手斜指向地面	

（续表）

表明的性质	裁判员手势	表明的性质	裁判员手势
位置错误或轮转错误 一手食指在体前绕环		界外球 两臂屈肘上举，手掌向后摆动	
持球 屈肘慢举前臂，掌心向上		四次击球 举起四个手指并分开	
连击 举起两个手指并分开		过网击球或过网拦网 一手掌心向下，前臂置于球网上空	
发球未过网和队员触网 一手触犯规队一侧球网		进入对方场区或球从网下通过或发球时脚的犯规或发球一刻队员不在场区内 手指指向中线或相关的线	
队员进攻性击球犯规（队员踏及或越过进攻线） 一臂向上举起，前臂向下摆动		双方犯规或重新发球 两臂屈肘，竖起拇指	

表明的性质	裁判员手势	表明的性质	裁判员手势
触手出界 用一手掌摩擦另一手屈肘上举的指尖		**轻微不良行为的警告** 一手持黄牌	
判罚 一手持红牌，对方得一分并发球		**判罚出场** 一手持红和黄牌，取消该局比赛资格	
延误警告 两臂屈肘举起，用黄牌指手腕		**延误判罚** 两臂屈肘举起，用红牌指手腕	
队员进攻性击球犯规（球网附近） 一臂向上举起		**取消比赛资格** 双手分持红和黄牌，取消该场比赛资格	

表 4 – 3   司线员旗示

表明的性质	司线员旗势	表明的性质	司线员旗势
界内球 向下示旗		触手出界 一手举旗，另一手放置在旗顶上	
界外球 向上示旗		发球时脚的犯规或球通过球网时的犯规、球触及场外物体的犯规等 一手举旗环绕，另一手指标志杆或物体或相应的线	
无法判断 两臂在胸前交叉			

第三节   竞赛组织

一、气排球竞赛的类型

根据各种不同的标准对气排球竞赛的类型进行划分，可以把气排球竞赛分为多种不同特点和类型的气排球竞赛活动。

（1）以开展气排球竞赛单位的性质为标准，可以把气排球竞赛划分为：学校气排球竞赛、企事业单位气排球竞赛、机关气排球竞赛、社区气排球竞赛等类型。

（2）以参加气排球竞赛人的年龄为标准，可以把气排球竞赛划分为：老年人气排球竞赛、中青年气排球竞赛、青少年气排球竞赛、幼儿气排球竞赛等类型。

（3）以进行气排球竞赛的地域为标准，可以把气排球竞赛划分为：城市气排球竞赛、小城镇气排球竞赛、农村气排球竞赛等类型。①

以上对气排球比赛进行分类的目的是更好地理解各类比赛的特点和规律，从而更有效地组织和指导比赛的实施。遵循统一的分类原则，气排球比赛还可以根据其他标准进一步细分为更多的类型和子类别。

二、气排球竞赛的组织工作

比赛的组织和管理是一个复杂的过程，其质量直接影响比赛的顺利进行。

（一）组织比赛的一般要求

组织比赛需要考虑三个基本要素：时间、地点和规模。

1. 比赛时间的确定

确定比赛时间时，需要考虑多个因素：

（1）比赛的持续时间；

（2）与其他赛事的时间协调；

（3）比赛时间与项目特性的匹配；

（4）运动员的实际需求。

2. 比赛地点的选择

对比赛地点的选择，要综合下列因素进行：

（1）交通便利性和接待能力；

（3）体育设施和场馆的条件；

（3）举办地对比赛项目的兴趣和热情；

（4）与更高级别比赛在条件上的一致性；

（5）激发各方参与组织比赛的积极性；

（6）商业和社会效应的考量。

3. 比赛规模的确定

对一个比赛的规模应当统筹考虑，规模可大可小，要兼顾社会和经济两个效益，

---

① 黎禾．大众气排球［M］．北京：北京体育大学出版社，2016：113.

通常受比赛的任务和目标和参赛人数的影响。

（二）气排球比赛组织与管理

赛事的组织和管理主要分为赛前、赛中和赛后三个阶段。

赛事的管理工作主要分为两个层面：其一，竞赛的组织和策划者负责整体的赛事安排，包括确定赛事的时间、地点和规模，建立竞赛组织机构，策划赛事，协调各部门工作，以及管理赛场各方面（如观众、场地、器材、广告等）。其二，竞赛业务部门负责具体的管理工作。

1. 竞赛组织、策划者对比赛的组织与管理

（1）赛前组织与管理主要任务

①确定比赛的组织方案。

②审定详细的竞赛工作计划，包括工作细则、组织结构、预算和规程。

③建立组织机构，对于不同规模的比赛，组织结构有所不同：

对于一般规模的比赛，成立组织委员会或竞赛领导小组，下设办公室、竞赛组、裁判组和总务组。在组委会或竞赛领导小组的领导下工作，保证赛事各项工作的正常运转。

对于较大规模的比赛，成立组织委员会，下设更多分支机构，如办公室、竞赛处、新闻宣传处、行政接待处、安全保卫处、电子技术处、仲裁委员会和裁判委员会。组委会负责制订、执行竞赛计划，审查和协调各分支机构的工作，处理和解决竞赛中出现的重大问题和总结工作。各分支机构在组委会的领导下各司其职，保证赛事各项工作的正常进行。

④组织开好赛前两个重要会议：

A. 全体组织委员会、各部门负责人和各队负责人的联席会议，通常由办公室主持。

B. 裁判长和教练员的联席会议，通常由竞赛组主持。

（2）比赛中的管理

管理职责包括但不限于开闭幕式的执行、场馆和设施的布置以及比赛过程的组织和控制。

成功的管理者需要：

①收集和利用比赛中的反馈信息来指导比赛；

②协调不同部门的工作以确保赛事的顺利进行；

③妥善处理部门间的职责分配和协调关系；

④维护与运动队的良好关系；

⑤具备处理突发事件的能力。

2. 竞赛业务部门（竞赛组）的主要工作

（1）赛前准备：制定竞赛规则；组织报名流程；编排和印刷秩序册；准备比赛所需的各类表格；安排练习场地；安排裁判员的培训和会议；组织教练员和裁判长会议。

（2）赛中执行：安排比赛日程和流程；协调裁判员的工作；审核运动员的参赛资格；解决比赛中出现的问题；记录和发布比赛成绩。

（3）赛后收尾：制作和分发成绩册；参与裁判员的总结会议；处理比赛结束后的各项工作；对整个竞赛过程进行总结。

三、气排球竞赛编排工作

（一）编排工作的基本知识与工作程序

1. 编排工作的基本知识

（1）竞赛编排：根据参赛队伍和规则，系统地安排比赛场次和时间表的过程。

（2）轮次：作为衡量比赛强度和估算总比赛时间的关键指标，通常每队完成一场比赛即完成一轮。

（3）场数：用于估计所需比赛时间和场地资源的参数，指整个赛事中比赛的总场数。

（4）节数：将一天划分为若干时间段（如上午、下午、晚上），用于规划比赛日程。

（5）场地容量：指单个场地在规定时间段内能容纳的比赛数量，是编排工作的基础考量因素。

（6）抽签：一种随机分配手段，用于决定队伍在赛事中的初始位置。

（7）种子队：在淘汰赛中，通过种子队编排方法确保高水平队伍有更大机会晋级。

（8）位置号：参赛者在比赛秩序表中的编号，如单循环赛中的 1~2、3~4 等。

（9）竞赛负担量：指队伍在规定时间内需参加的比赛场数，是确保比赛公平性和可行性的关键因素。

2. 编排工作的基本程序

（1）制定比赛轮次：依据特定的编排方法，确定淘汰赛或循环赛的比赛轮次。

（2）确定队伍位置：通过抽签等随机方式，为各参赛队伍分配比赛秩序中的编号，明确每轮的对阵情况。

（3）制定比赛日程：在全面考虑比赛轮次、场次、持续天数、场地安排以及运动员的体力负荷后，将比赛秩序具体化到每一天的时间段内。

（4）制作秩序册：秩序册是赛事组织的重要文档，通常包含比赛规则和规程；组织委员会及其他相关部门的名单；仲裁委员会和裁判委员会的成员名单；参赛队伍的信息；活动日程和比赛日程的安排；成绩记录表格等。

（二）气排球竞赛制度、编排工作及成绩计算方法

1. 如何选择赛制

在组织比赛时，需要综合考虑多个因素来决定最佳的竞赛制度，包括：比赛的总场次数；比赛的总时长；所需的场地数量；比赛的公平性；编排的可行性和客观性。

2. 循环制的编排方法

循环制包括单循环、双循环和分组循环等形式。这种制度确保了每支队伍都有相同数量的比赛，提供了平等的竞争机会，并且能够合理地反映队伍的真实表现。然而，它也存在一些缺点，如比赛场次多、周期长，对资源的需求较大。

（1）单循环赛

在单循环赛中，每支队伍与其他所有队伍各比赛一次。

①比赛场数的计算：使用公式"场数＝队数（队数－1）／2"来确定。

②比赛轮数的计算：如果参赛队伍数量为奇数，则轮数等于队数；如果为偶数，则轮数等于队数减一。

③单循环赛的编排方法：

A. 通常采用"逆时针轮转方法"进行编排。将队伍先以阿拉伯数字编号后，按照 U 型布局排列，单数队伍的最后一位编号设为 0 表示轮空。第一轮只要在 U 型相对队数之间划横线，即为第一轮比赛秩序。从第二轮开始，保持左上角的队伍固定，其他队伍按逆时针方向移动一位，形成新的比赛对阵。例：表 4－4 是 7 个队参加比赛的比赛秩序编排表。

表 4－4　7 个队单循环比赛的传统编排方法

第一轮	第二轮	第三轮	第四轮	第五轮	第六轮	第七轮
1－0	1－7	1－6	1－5	1－4	1－3	1－2
2－7	0－6	7－5	6－4	5－3	4－2	3－0
3－6	2－5	0－4	7－3	6－2	5－0	4－7
4－5	3－4	2－3	0－2	7－0	6－7	5－6

该编排方法使得所有参赛队伍的比赛进度保持一致，操作简单且易于检查。然而，当参赛队伍数量为 5 个或更多时，可能会出现某一队伍在后续轮次中连续轮空，导致比赛的不公平现象。为了解决该编排方法的不足，目前许多气排球比赛采用了国际上广泛使用的"贝格尔"编排法。

B. 在"贝格尔"编排法中，第一轮的编排与传统方法相同。但从第二轮开始，编排方式有所变化。首先，最大的号码（或 0）在每一轮中在第一行的左右两侧交替出现。其次，将上一轮位于右下角的号码移至本轮第一行，与最大号码相对应。最后，其他号码按照与上一轮右下角号码的相对顺序排列。例：表 4 – 5 是 7 个队比赛的编排秩序。

表 4 – 5　7 个队单循环比赛"贝格尔"编排法

第一轮	第二轮	第三轮	第四轮	第五轮	第六轮	第七轮
1 – 0	0 – 5	2 – 0	0 – 6	3 – 0	0 – 7	4 – 0
2 – 7	6 – 4	3 – 1	7 – 5	4 – 2	1 – 6	5 – 3
3 – 6	7 – 3	4 – 7	1 – 4	5 – 1	2 – 5	6 – 2
4 – 5	1 – 2	5 – 6	2 – 3	6 – 7	3 – 4	7 – 1

（2）双循环赛

双循环赛指的是每支队伍与其他队伍进行两次对抗的赛制。这种赛制一般分为两个阶段，每个阶段都采用单循环的方式进行。在第二阶段，可以根据第一阶段的成绩通过抽签重新安排队伍的比赛顺序，以确保比赛的动态性和不确定性。双循环比赛秩序编排方法与单循环比赛秩序编排方法相同。

（3）分组循环赛

分组循环赛是在参赛队伍数量较多时采用的一种编排方法。该方法将队伍分为多个小组，在预赛阶段进行小组内的比赛，以确定小组内的排名。预赛结束后，根据小组排名进行决赛阶段的比赛，最终决出整个比赛的名次。

①预赛阶段

预赛通常采用单循环赛制，以确保每个小组内的每支队伍都有机会相互比赛。为了平衡各小组的实力，通常会设立种子队，并通过抽签的方式确定种子队的分组，然后其他各组再抽签进入各个组别。当不设立种子队时，可以根据上届比赛的成绩采用"蛇形"编排方法进行分组，如将 16 支队伍分成 A、B、C、D 四个小组。（见表 4 – 6）

表4-6 "蛇形"编排法分组表

第一组	第二组	第三组	第四组
1	2	3	4
8	7	6	5
9	10	11	12
16	15	14	13

②决赛阶段

决赛阶段的编排方法多样，可以采用同名次赛、循环赛、淘汰赛或淘汰附加赛等形式。具体的编排方法可以根据比赛的规模、时间和资源等因素进行选择和调整。

（4）循环制比赛日程的编排

在预赛和决赛的秩序确定后，需要将秩序表中的数字编号替换为队伍名称，并填写到秩序表中。同时在编排比赛日程表时，应确保各队伍在比赛场地和时间上的公平性，尽量让每个队伍都有均等的机会。（见表4-7）

表4-7 比赛日程表

日期	时间	组别	比赛队	场地
6月27日	9：00	女	南昌—厦门	1
	9：00	女	北京—阜阳	2
	10：20	男	上海—苏州	3
	11：00	男	福州—南京	4

（5）循环制成绩计算方法

①在循环制中，每支队伍都会与其他队伍进行比赛。胜利的队伍获得2分，失败的队伍获得1分，而弃权则不获得任何分数，名次的确定基于各队的总积分，积分高的队伍排名靠前。

②如果出现积分相同的情况，将通过计算C值（胜局总数除以负局总数）来决定排名，C值高的队伍名次靠前。如果C值也相同，则进一步计算Z值（总得分数除以总失分数），Z值高的队伍名次靠前。

3. 淘汰赛

淘汰赛主要是在参赛队数较多，比赛时间短且比赛场地极缺时采用。具有强烈的对抗性，输一次即失去比赛的资格，不利于锻炼队伍。目前，基层气排球比赛的参赛队数多，经常采用淘汰赛制。淘汰赛通常分为单淘汰和双淘汰两种。

（1）单淘汰赛

运动队按排定的秩序进行比赛，胜队进入下一轮比赛，负队淘汰，赛至最后一场比赛胜者为冠军，负者为亚军，即为单淘汰赛。单淘汰赛比赛秩序的编排如图 4 - 6 所示。要决出 3、4 名和其他名次，可增设附加赛。（见图 4 - 7）

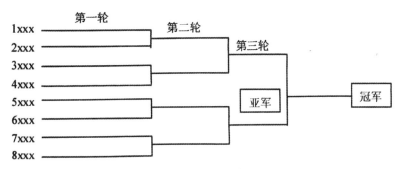

图 4 - 6　8 个队单淘汰比赛秩序

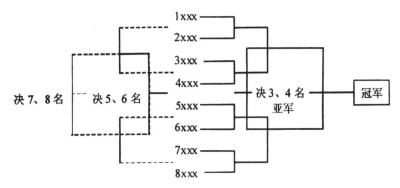

图 4 - 7　8 个队单淘汰附加赛对阵秩序

①单淘汰赛比赛场数：等于参赛队数减 1，如 8 个队参赛则比赛场数等于 7 场。

②单淘汰赛轮数计算方法：计算方法为 2 的乘方数即比赛轮数（通常选择参赛队数最接近的 2 的乘方数）。如 8 个队参赛为 $8 = 2^3$，即比赛 3 轮；16 个队参赛为 $16 = 2^4$，即比赛 4 轮；30 个队参赛为 $32 = 2^5$，即比赛 5 轮。

③单淘汰赛编排中如何设定种子队：单淘汰赛虽有对抗性强、容量大、节约时间等优点，但在理论和实践上却表现出一系列不合理性，最突出的是比赛偶然性大。因此，比赛中常用设立种子队方法来保证一些队不在前几轮中遇到淘汰。种子队一般由排名在前的队担任，种子队的数目一般是参赛队队数的 1/6 或 1/12。种子队在编排中的具体位置可以通过查找"种子队位置表"获得。

④单淘汰赛如何确定"轮空"队位置：当参赛队不是 2 的乘方数时，则须安排一部分具体数字的位置"轮空"，目的是使第一轮比赛队数正好是 2 的乘方数，以克服单淘汰赛的比赛秩序不完整性。轮空数目等于编排采用的数字位置减去参赛队数。如 14 个队比赛则 16 - 14 = 2，即有 2 个轮空数。轮空队在编排秩序中所占的具体数字位置可以通过查找"轮空位置表"获得。

例如，14个队比赛编排方法：首先设立2个种子队，通过查表，获得编排秩序中具体数字1、16分别是种子队所处位置；其次确定轮空数为2个，通过查表，分别获得秩序表中具体数字2、15是轮空位置。具体编排秩序见图4-8。

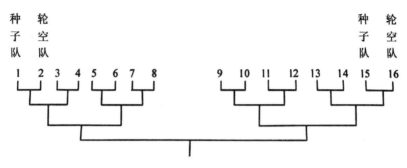

图4-8　14个队单淘汰赛编排秩序

（2）双淘汰赛

运动队按照排定的秩序进行比赛，失败两次才被淘汰，为双淘汰赛。

①双淘汰赛的场数计算：比赛总场数=2X-3（X为参赛队数）。

②双淘汰赛的编排方法：见图4-9、图4-10。

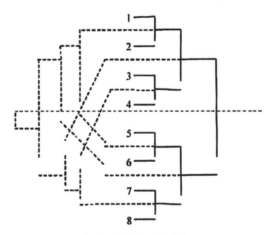

图4-9　不交叉排表

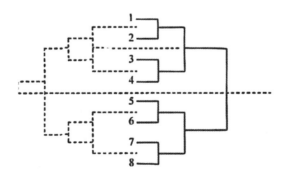

图4-10　交叉排表

不交叉法便于解决同单位的队伍过早相遇问题，交叉法主要是解决两队重复比赛现象。

4. 混合制

混合制是结合淘汰赛制和循环赛制的一种竞赛办法。

在气排球比赛中常见的有如下几种。

（1）第一阶段先分组进行单循环比赛：将参赛队分为若干个组，进行单循环赛，决出各个小组名次。当队数超出 12 个队时，经常采用分组单循环比赛方法。

（2）第二阶段交叉决赛办法：在第一阶段循环赛的基础上进行第二阶段决赛。第一阶段各个小组前 2 名交叉决出 1 ~ 4 名，各小组 3、4 名决出 5 ~ 8 名，以后名次决赛办法以此类推。第一天先进行交叉赛，第二天胜者同胜者、负者同负者决赛。具体编排方法见图 4 - 11。

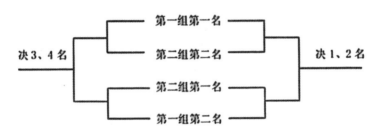

图 4 - 11　第二阶段交叉决赛编排方法

（3）第二阶段佩奇制决赛办法：在第一阶段各小组名次基础上举行的第二阶段决赛办法，比赛编排方法见图 4 - 12。

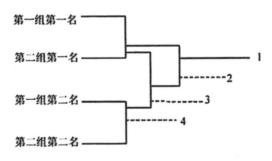

图 4 - 12　第二阶段佩奇制决赛编排方法

参考文献

［1］黎禾. 大众气排球［M］. 北京：北京体育大学出版社，2015.

［2］谭洁. 气排球运动教程［M］. 长沙：湖南师范大学出版社，2017.

［3］黄汉升. 球类运动——排球（第三版）［M］. 北京：高等教育出版社，2015.

［4］虞重干. 排球运动教程［M］. 北京：人民体育出版社，2009.

［5］孙平. 现代排球技战术教学法［M］. 北京：北京体育大学出版社，2008.

［6］李莹. 气排球［M］. 北京：中国人民大学出版社，2018.

［7］黎禾. 排球训练教程［M］. 北京：高等教育出版社，2008.

［8］林森. 排球运动与教程［M］. 沈阳：辽宁大学出版社，2011.

［9］康利则，马海涛. 体能训练理论与方法［M］. 西安：陕西人民出版社，2011.

［10］黄恩洪，徐连军，唐晓怡. 高校排球运动理论与实践［M］. 北京：中国商务出版社，2007.

［11］中国排球协会. 气排球竞赛规则：2022—2025［M］. 北京：北京体育大学出版社，2023.

［12］刘智华. 气排球运动与方法［M］. 长春：吉林大学出版社，2019.

［13］罗俊波. 气排球训练教程［M］. 广州：华南理工大学出版社，2021.

［14］王保成，王川. 球类运动员体能训练理论与方法［M］. 北京：北京体育大学出版社，2005.

［15］刘云民，王恒. 排球教学与训练［M］. 哈尔滨：哈尔滨工程大学出版社，2016.

［16］康利则，马海涛. 体能训练理论与方法［M］. 西安：陕西人民出版社，2011.

［17］赵子建. 排球［M］. 重庆：重庆大学出版社，2017.

［18］王向宏. 体能训练理论与方法［M］. 北京：北京航空航天大学出版社，2010.

［19］韩飞龙. "地排球"与软式排球、气排球运动特点的比较研究［D］. 太原：山西大学，2016.

［20］刘利鸿. 广西气排球技战术的新进展［J］. 体育科技，2014，35（2）.

［21］张义博. 气排球运动攻防技战术运用效果研究——以2020年湖南省气排球比赛男子青年组为例［D］. 郑州：河南大学，2021.

［22］孙佳昕. 气排球运动项目特征研究［D］. 北京：首都体育学院，2017.